民主党の闇

理念なき批判政党、その疑惑と金と政策の研究

國會新聞社 編集次長
宇田川敬介

SEIKO SHOBO

文中敬称を略しましたことをお断りいたします。

政治を嫌いにならないための一助として●はじめに

今季、2009年のペナントレースは巨人軍が好調だ。原辰徳監督の下、若手の選手が活き活きと活躍する姿を見るのは、久々に新鮮である。

巨人軍というと、今までは多額の資金力でフリーエージェントとメジャーリーガーを入れつつ、それでも優勝できないチームとして叩かれていた。昨08年は日本一こそ逃したものの、原辰徳監督は、ワールドベースボールクラシックでも優勝するなど、その采配は徐々に「名将」として後世に名を残すレベルになってきたのではないか。

高度経済成長のころ、子供の好きなものとして「巨人」「大鵬」「卵焼き」と言われた。卵焼きは別にして、「野球で常に強い巨人軍」と「相撲で無敵の横綱大鵬関」は、子供たちの憧れであった。王・長嶋を擁してV9を達成した巨人軍、48代横綱で6連覇を達成した大鵬関は、いずれも強い者の象徴であり、上り調子で、国際社会の中でも強くなった日本の憧れでもあり、また象徴でもあった。

ただ、彼らが強かったというだけではない。強い「王者」には、強い「ライバル」が必要だ。一人だけが強く、他が弱ければ、試合が成立しない。東京を拠点としていた巨人軍には、大阪を拠点とする阪神タイガースがライバルであった。王・長嶋の前には、村山・江夏という球界を代表する好投手が立ちはだかったし、大鵬には柏戸関がその優勝を阻んだ。国民は、勝者にも敗者にも称賛を惜しまなかった。スポーツには相手を批判し、相手を貶《おとし》めるという行為がない。「アンチ巨人」といえども、巨人の選手の人格的な批判まですることはまずない。だから相手チームにもエールを送れるし、勝負の後、見ている国民も後味が悪いことは少ないのだ。

この構図を、高度経済成長から30年以上たった現在の政治に当てはめるとどうであろうか。日本人の政治離れは激しい。投票率が30％台ということも珍しくなくなった。これには「批判精神」が大きく影響している。政治の争いは、なぜか、すがすがしい後味がないのだ。「アンチ自民党」は「議員個人のスキャンダル」や「根拠のない誹謗中傷」を前面に掲げて攻撃する。政治の本質とは全く関係のない話だ。野球でいえば場外乱闘を毎日見せられているようなものだから、国民の興味が失せるのも当然かもしれない。

では、その「批判精神」とは何であろうか。そして、国会という、国民の税金を使って繰り広げられている論戦が、なぜ、そのような「幼稚な議論」になってしまうのであろうか。

政治家とは本来は、国民・国家の進むべき方向を指し示すことが仕事である。その方向とは「政策」で表現するのが通常だ。決して個人のスキャンダルを前面に出したり、根拠も代替案も出さずに、ただ批判をしていればよいものではない。与党と野党は、それぞれ国民に選択肢を与えるのが仕事であり、選択肢もなく相手を誹謗中傷して「政権」を叫ぶものではない。

どうも、今の政治がこのようになってしまったのは、「批判精神」というのが、大きな原因を作っているようである。

本書は、あくまでも「政策」に関する本として記したつもりである。しかし、民主党という野党の政策を語るときに、批判精神と、批判勢力と一緒に起こした事件というものを語らずには話はできない。そして、それら事件や批判勢力が、民主党の言う「政策」にどのような影響を与えたのかを考えなければならない。

「政策」は、必ず統一された一つの根本理論から作られるべきである。しかし、なぜか、民主党の政策は二律背反のものが少なくないのだ。本書がそれらの謎を解明する一助になれば、民主党政権になった場合に「どんな日本の姿になるのか」が見えてくるのではないだろうか。あとは読者の皆様が、そんな日本の姿を望むか、望まないか、それを選択すればよいのだと思う。

政治は多くの人々がかかわるので、スポーツのようなすがすがしさはないかもしれない。利害関係も多いので、なおさらだ。しかし、そのことによって、政治離れをしてはならない。できうれば読者の皆様が、会社など身近で起きている事件や環境と重ね合わせながら読んでいただければ、わかりやすくなるのではないでしょうか。

政治を嫌いにならないための一冊として、ぜひお読みいただければ幸いです。

［民主党の闇］目次

[第二章] 民主党不況とマスコミ不況はなぜ起きたか

［第三章］

小沢一郎西松建設不正政治献金事件と官僚批判

［第四章］

郵便制度悪用事件と元議員秘書という存在

［第五章］

健全なネットワークビジネスを育てる議員連盟と「公約違反」

［第六章］

イオングループと岡田幹事長と労働政策

［第七章］

日本という国家の否定と外国人参政権の問題

〔本文写真提供〕時事通信社（特記以外）
〔装幀〕ホープカンパニー

〔第一章〕

日本民族と「批判精神」の歴史

反権力と「批判する精神」

「反権力」と聞いて、あなたは何を思い浮かべるであろうか。

反権力者というと、基本的には権力に反対する者である。だが、今の日本において、権力に大っぴらに反対している人は少ない。もちろん、幾分かの反対分子は少なくないし、私の母校の大学では、いまだに「糾弾」などと過激な用語を使って学生を洗脳しようとし、かえって誰からも見向きもされなくなった一団がいるのは間違いがない。それら反権力者には、どうしても「抵抗」とか「革命」とかいうイメージがつきまとう。しかし実際のところ、そのような反権力、もっと言えば「政府転覆勢力」などは現在の日本には似合わない。

日本人には「革命」という気質はどうも存在しないようだ。狩猟民族を祖とする欧米人とは異なり、土地を相手に農耕を主とする民族である。その一年の収穫がダメでも、他人に責任転嫁するのではなく、その現状を踏まえてムラ単位でしっかりと助け合う文化と民族性が根付いていた。ムラ単位で間に合わない場合は、隣村とも協同する用意ができている。それらムラごとの共同体の広がりが、日本という国を作っていたのだ。

そのような助け合いの中においては、村単位で首長が決められるのであり、各首長の合議によって、国の長が決められるようになる。律令時代には「国主」が京都の都から派遣されてはいたものの、地元の支配は、地元の長が国主を補助する制度ができていた。この仕組みは、室町幕府になるとより一層はっきりするようになり、守護大名がいても、その下に地元の国人《こくじん》の代表格である「守護代《しゅごだい》」がしっかりと支配権力をにぎっていた。実質的には地元の名士が支配していたために、守護代が守護大名を廃して戦国大名になった例も少なくない。織田信長ら朝倉義景は斯波《しば》氏という守護大名を廃して戦国大名になっているし、上杉謙信も、元は長尾氏という守護代の出身で、それが守護大名の上杉氏を継いだのである。

このような地場に根付いた「下剋上《げこくじょう》」はかつてからあるものの、民衆が「革命」を起こして政府や支配階級を転覆させた例はあまりにも少ない。戦国時代の加賀一向一揆による一国支配や堺の自治都市くらいであり、農民一揆、土《ど》一揆で政府を転覆させた例はないのだ。

それでは、「革命」や「抵抗」に代わる上下関係の対立構造が日本に存在しないのかというとそうでもない。日本人は、島国であるがゆえに革命などという急進的なものではなく、ゆっくりと民衆の間に不満を蓄積させた後に、合法的な制度にのっとって、「下剋上」することを考える民族だ。その不満を蓄積させるための手段が「批判」なのである。日本における「反権力」の土壌を考えてみると、もう少し柔らかい言い方での「批判精神」が、どうもそれに近いものがあるような気がしてならない。

「批判」とは、三省堂の『大辞林』（第二版）によると、

（1）物事の可否に検討を加え、評価・判定すること。「学説——」「——を仰ぐ」

（2）誤っている点やよくない点を指摘し、あげつらうこと。「政府の外交方針を——する」

（3）〔哲〕〔（ドイツ）Kritik〕人間の知識や思想・行為などについて、その意味内容の成立する基礎を把握することにより、その起源・妥当性・限界などを明らかにすること。

とある。「批判」とは、実際に「物事の可否に検討を加え、評価判定すること」であり、「誤っている点を指摘しあげつらう」のはよいが、そもそも「批判」する「対象」、要するに「物事の可否」が存在しなければ、批判そのものが存在しないということを覚えておかなければならない。

言い換えれば、「批判」とは、まず誰かが何かをして、それに対して評論を加える行為でしかない。

最も評価されるべきなのは、いちばん初めに物事を作り上げる人であろう。結果を見てから批判するのでは、「後出しジャンケン」と同じである。誰かが作り上げたその苦労や、ゼロから作り上げる苦労を知らない人が批判をできる。その苦労を知っていれば、安易な「批判」な

どできるはずがないのではないか。ましてや「批判精神」などという言葉を楯にして、批判することを第一の目的とするなどは、もってのほかという考え方もある。

日本のジャーナリズム独特の批判精神

それでも「批判精神」は「権力の監視」になると考えられている。「ジャーナリズムとは批判精神である」と公言してはばからない「自称ジャーナリスト」さえいるほどだ。しかし、批判することそのものが目的化していては何も生まれない。

そもそもジャーナリズムとは、「新聞・雑誌・テレビ・ラジオなど時事的な問題の報道・解説を行う組織や人の総体。また、それを通じて行われる活動」（『大辞林』）であり、「権力への監視能力」とは定義されていない。マスコミは、まずは正確に、権力者や為政者が行う政策とその意図をしっかりと伝えなければならない。それがジャーナリストの仕事であり、扇情的に「批判精神」に偏った報道はジャーナリストの本分ではない。

しかし、日本のジャーナリストの一部には、「批判精神こそがジャーナリストの本分」とわけがわからないことをのたまう人が少なくない。また、メディアも彼らをありがたがって重用している。そんな報道によって政策の真意が伝わらなかったり、一部だけが異常にクローズアップされてしまって、政策の本筋が全く見えなくなってしまうことも多い。批判精神によって、「時事的な問題の報道」がゆがめられてしまう場合があるのだ。報道は社会的に非常に大きな影響力をもっており、「立法」「行政」「司法」の三つの権力にこの「報道機関」を加えて、時に批判的な意味で「四大権力」とも呼ばれている。

報道は、憲法で保障された表現の自由に基づく「報道の自由」や「知る権利」に支えられている。だが反面、報道は「客観報道の原則」を守らなければならないとされる。

至近の例でいえば「後期高齢者医療制度」問題などがそれである。そもそも、後期高齢者医療制度は、核家族化や少子化によって国民健康保険が破綻《はたん》傾向にあること、その国民健康保険の出費の多くが後期高齢者であることをかんがみて、後期高齢者への特別な医療制度の提供とその財源の確保をめざしたものである。元はと言えば、国民健康保険の破綻危機という大問題への解決策であったわけだ。

しかし、なぜか、「後期高齢者」という名称がけしからん、という用語の問題が集中的に報道された。高齢者への差別だという論理で、「老人いじめ」の施策だとされた。さらには折からの社会保険庁の不正問題などが絡んで、大きく社会問題化することになったわけだ。

本来ならばジャーナリストは「国民健康保険制度の破綻危機」という事実をまず伝え、それに対して「後期高齢者医療制度で良いのか、あるいはほかの方法を模索すべきか」という本質の議論をしなければならないのに、「後期高齢者医療制度そのものが悪である」という短絡的な結論で扇情的に報道した。結局、「後期高齢者医療制度」への批判はしたものの、この問題の根本的な解決には全く寄与しなかったといえよう。

また、この扇情的な報道を追い風にした批判を「民意」として、国民健康保険制度そのものの改革や見直し、解決策はまるで示さずに、「後期高齢者医療制度廃止法案」を参議院に提出する政党まで出てくる始末である。また、その政党が将来のリスクや保険制度の問題点の根本的な解決を棚上げして何もしないのに、国民の支持率だけを求めてゆく姿は、やはり異常という感じを受ける。

百歩譲っても、マスコミは批判精神でいいのかもしれない。しかし、政治家や政党、為政者は、今までの制度の問題点の解決策を、さらには進むべき日本の姿を、しっかりと国民に示さなければならない。また、マスコミは、何の代案もなく「廃止法案」が出されたという事実を、そしてひとたび廃止法案が通れば、国民健康保険が破綻する、要するに国民全体の医療制度が崩壊する可能性があるという将来のリスクもしっかりと国民に伝えなければならない。また、それらの医療制度を抜本的に変えなければ、現在の医師不足や地域医療制度の見直しも考えられないであろう。後期高齢者が多く過疎化した地方自治体と地域医療制度の破綻を結びつけて報道する動きがないのも非常に残念である。

ただ単に、「後期高齢者医療制度」を「批判精神」という扇情的な報道の名のもとに、根本的な解決やその問題点を一切報じることなく、無責任に批判を続けたジャーナリストは、これらの現象についてどう思っているのであろうか。

イエロージャーナリズムと「椿事件」

このように過度の「批判精神」で、ジャーナリストの主観が交じってしまうと、事実をありのまま述べるのではなく、報道各社の主観を組み入れて構成しなおしたり、自己の政治的なイデオロギーを優先させるため、公平とは言いがたい恣意《しい》的な編集が行われている。これを「偏向報道」という。

日本の場合、この偏向報道が過ぎて、恣意的な編集が行われている場合が少なくない。これを「イエロージャーナリズム」という。アメリカの新聞に掲載された漫画「イエローキッド」に由来するといわれている。決して、日本人を揶揄《やゆ》した言葉ではない。

民主主義の基本が「国民主権」とその国民による「投票」にあるということを考えれば、国民に直接アプローチをするマスメディアやジャーナリストはそれなりの権力を持つことになる。不特定多数の集団（マス）に対して、直接情報を流し、働きかけるのであるから、主権者の意思がそれによって非常に大きく動くことになるのである。優秀な政治家も、為政者も、その内容が主権者である国民に何も伝わらなかったり、間違って伝わっては、その行政内容が正当に評価されないということになるのだ。「第四の権力者」と言われるジャーナリストが、偏向報道を行うことによって、政治を左右する事件が起きるにいたった。日本でもそのようなことを行う事件が発生した歴史があるのである。これが１９９３年の「椿《つばき》事件」である。

「椿事件」とは、１９９３年7月18日、第40回衆議院議員総選挙の選挙報道において、テレビ朝日の取締役報道局長であった椿貞良による放送法違反が疑われた事件である。選挙後の9月21日、民間放送連盟の放送番組調査会の会合が開かれ、その中でテレビ朝日報道局長の椿貞良は選挙時の自局の報道姿勢について、

「小沢一郎氏のけじめをことさらに追及する必要はない。今は自民党政権の存続を絶対に阻止して、なんでもよいから反自民の連立政権を成立させる手助けになるような報道をしようではないか」

「共産党に意見表明の機会を与えることは、かえってフェアネスではない」

「梶山（静六・当時自民党幹事長）と佐藤（孝行・当

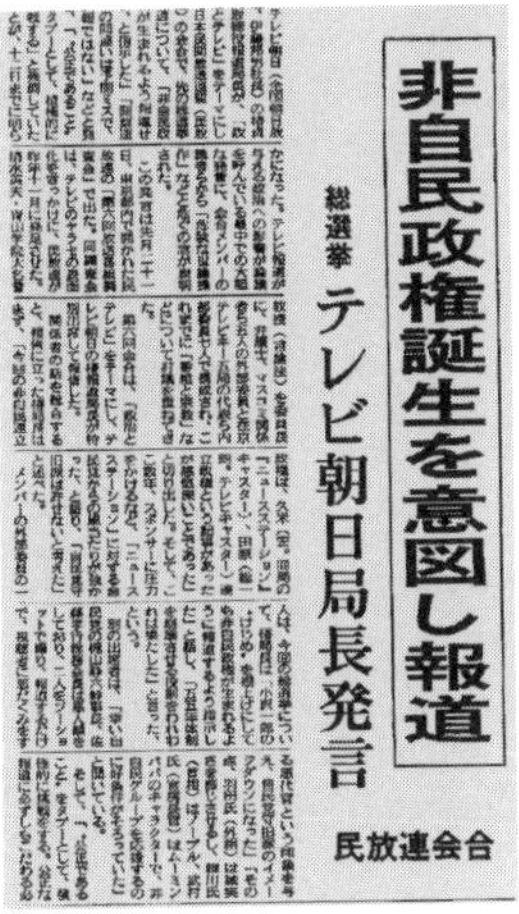
非自民政権誕生を意図し報道
総選挙 テレビ朝日局長発言
民放連会合

椿事件を報じる産経新聞

時総務会長）は悪人面で国民受けが悪いから、二人をなるべく多く画面に出す」との方針で局内をまとめた、という趣旨の発言をした。

この報道の影響は大きく、ちょうど1993年に小沢一郎、渡部恒三、羽田孜など、旧竹下派経世会が大挙して自民党を離党し、細川護熙連立内閣が成立し、自民党が「55年体制」以降初めて野党に転落するにいたったのである。

しかし、残念ながら「批判精神」から生まれた細川内閣は、連立内閣で与党内部があまりにも複雑であり、その上、実質的に指揮を執った小沢一郎が入閣しなかったためにさまざまな歪みを生じたことなどによって、選挙制度改革やコメ問題などへの対応の混乱、国民福祉税構想の頓挫《とんざ》など、与党内での調整がうまくいかないことも多かった。

そのような調整の煩雑さや主導権の不在、そして、細川護熙本人の金銭スキャンダルの疑惑などによって、細川内閣は1年もたず、在任期間263日間で翌年4月には総辞職している。なお、細川護熙は近衛文麿元総理の外孫であり、総理経験者の孫が内閣総理大臣に就任した初めての例となった。

細川内閣総辞職後、羽田内閣がやはり「批判精神」の結晶として誕生するが、日本社会党が離脱するなど成立当初から少数内閣となり、予算成立後、自発的に総辞職した。これは内閣不信任決議案が衆議院に提出されて、自民党・社会党の賛成多数で可決される見込みとなったためだといわれる。羽田総理は在任期間わずか64日間、東久邇宮稔彦王内閣に次ぐ、戦後2番目の短命内閣という不名誉な記録まで背負うことになったのである。

先にも挙げたように「批判」とは、他者が作り上げたものに検討を加え、評価・判定することであり、そこから未来に何かを作り上げたり、対案を出す機能を全く持っていない。いわば「言いっぱなしの無責任」でしかないのである。

そんな「批判精神」で凝りかたまった政党には、基本的には政策立案能力がない。現状をひたすら否定するだけで政策もなく、一時の世論とムードだけで政権を奪取した結果がこのような結果に表れている。

批判精神で報道した者は、「自分が政権を倒した」とか「下剋上を実現した英雄」のように錯覚しているかもしれないが、「批判」だけで政権を運営していた時間は二度と国民の手には戻らないのである。政治は国民生活に密接に関係するものであり、国の進むべき方向を示すものである。現状を批判することによって、問題点の分析も、政策の検討もせずに政権をもてあそぶことは許されないはずである。政治家は

在任263日間で瓦解した細川護熙内閣

政策と将来の日本の進むべき方向で話をすべきであり、そのためには現状の問題点の分析がいかに正確にでき、それを正しい方向に改正する能力があるかということで争うべきである。また、「批判精神」ということを言うのではなく、ジャーナリストはしっかりと真実を報道することが求められる。これが国民主権であるならばなおさらのことである。

「椿事件」は、その作為によって55年体制を終わらせたという功はあるかもしれないが、細川内閣263日、羽田内閣64日の合計327日間という、日本国民のかけがえのない時間を無駄にした罪がより重いであろう。「言いっぱなしの無責任政権」ということである。これは、政権をもてあそんだというよりは、主権者である国民の権利をもてあそんだことになる。

それでは、なぜ「イエロージャーナリズム」などと揶揄されながらも、「批判精神」を正義だと考えてしまうのか。そして、「ジャーナリズムは批判精神」などと叫んで、扇情的な報道が許されるのか。そのことを、批判と反権力の歴史を交えながら見てみよう。「批判」から生まれる「反権力」は、「反対することに意義を持つ」部分が多分に存在するのだ。

戦後のアメリカ占領政策と日本の教育

現在の日本文化は、戦後、それまでの日本文化に欧米、とりわけアメリカの文化や制度を取り入れている。アメリカは日本人を子供の教育から変え、その考え方を根本から換えさせた。そして、その教育制度を大幅に変えていった。天皇制の否定や小作農の解放、そしてディズニーを中心とする平和教育は効果をあげた。また、アメリカ型個人主義と資本主義は、日本人から天皇中心の全体主義をなくし、個人主義を徹底させた。

結果に対して評価は分かれる。教育に関しては、中曽根康弘元首相が教育について語る際に「国家百年の大計」という言葉を用いるが、アメリカの行った施策は戦後60年の結果である。その結果には、国家を憂える勢力もあれば、これでよかったとする向きもあるだろう。教育に関しては、また別にしっかりと考察する機会が必要であろう。

いずれにせよ、戦後60年、日本人の権利意識や個人主義を大きく変えてきた教育が存在し、その教育を受けた団塊世代やその下の世代が「反米的な考え方」を標榜しているのは興味深い。背景には、日本人特有の上下関係に由来する「抵抗」があるのかもしれない。もちろん、ここでは「抵抗」という行為そのものが、アメリカを上位と考え、日本を下位とみる上下関係が、潜在意識の中で形成されているということを意味している。ことに、反米や嫌米を標榜している人は、自分の内面の真実に気づいていないようである。

だが、日本の文化は、必ずしもアメリカに影響されたものばかりではない。日本の文化、日本人の性質は、国土と風土、そして敗戦までの日本の政治制度によって形づくられている。特に江戸時代、徳川家光によって徹底された鎖国、そしてキリスト教弾圧、これらが400年続いた期間に形成された要素が非常に大きい。

要するに、現在の日本文化は1776年に独立したアメリカの歴史と、紀元前からの日本の固有の文化、ことに江戸時代の400年がはぐくんだ日本人の気質が融合したものである。

農耕民族気質の日本人

日本人は、基本的には単一民族で、なおかつ国土から逃げることのできない島国で育っている。また、その島国で単一民族である中で、政権が代わっている。

日本人が農耕民族であり、欧米の狩猟民族と異なる性質を有していることはすでに述べた。狩猟民族は日々自然や動物と戦い、そしてその戦いに勝利することによってのみ食物を得ることができた民族である。当然に、獲物が多いほうが食事にありつける確率は高くなる。獲物を獲《と》りつくせば、土地に縛りつけられることなく、次の場所へと新たな獲物を求めて移動する。歴史的にはゲルマン民族の大移動などがその最たるものだし、現在でもモンゴル騎馬民族の移動などがその例としてあげられる。

獲物を求めての狩猟民族の移動は、人と人の争いに発展する場合もある。一定量の獲物を複数の集団が狙えば、他の集団を駆逐・排除しなければならない。狩猟民族はそのまま、邪魔な他者を駆逐・排除する性格を持ち合わせる。それらの戦いに勝つことが、唯一自らの集団を飢えさせない手段であるからだ。

だから集団の指導者は非常に重要になる。指導者が優秀であれば戦いや争いを避けることも、勝利を得ることもできる。しかし、愚鈍な指導者では、飢えて死ぬか、ほかの集団に敗れて占領支配される身になる。古代であれば奴隷などの扱いを受けることになるのだ。それだけ指導者は重要であるし、指導者が悪ければ、下の者が自らの生命や集団の生活をかけて指導者を駆逐しなければならない。それこそが生き残るための手法だ。

一方、農耕民族ではそうはならない。農耕に適した場所に定住し、農作物を育てることによって収穫を得る。稲作であれば、収穫は基本的に年一回である。ということは、年一回の収穫を備蓄して、それを切り崩しながら生活するということになる。農耕民族にとって必要なのは、優秀な指導者ではない。恵まれた自然環境と、肥沃な土地ときれいな水である。自然の恵みに際限はない。また自然の恵みを受けるのに、指導者はいらない。

ただし、あまりにも恵まれた環境は周囲の村からの羨望《せんぼう》の的となる。その土地を略奪しようとする勢力が現れる。そのために村人は共同して争いに備える。これは狩猟民族のそれと異なり、防御を主とする争いになる。また、それは生活のためではない。勢力の拡大や裕福な暮らししをという欲望によるものであり、生活の必需ではないのである。よって、一つの獲物を獲らなければ生活ができないというものではなく、両者が連合するとか同盟を組むということも可能なものである。話し合いで解決する問題もあるし、戦争が起きてからの和解なども妥協できる範囲であることが少なくない。戦争そのものがすぐに市民の生死や奴隷としての服従などの支配関係になるとも限らないのだ。

戦争のとき以外の為政者は、自然の神々、恵みをくれる神々との交信である。彼ら農耕民族にとって最も恐ろしいのは、隣の集団でもなければ、狩猟の時の凶暴な動物でもない。天変地異や冷害などの農作物の不作こそが死活問題になるのだ。そのようなことを起こすことは、現代であれば異常気象や地球温暖化などということになるが、古代の昔は、神々のこととなる。

自然の力は、現代の世の中でさえ人知の範囲ではない。現代の世の中でさえ、神々の存在を意識しているのだ。科学が発展していない古代中世であればなおさらのことである。農耕民族は、そのまま自然をつかさどる神々との交信が主な仕事となる。逆に、神々が求めれば、生贄《いけにえ》もさしだす。しかし、生贄も主たる労働力になるということは、当然に土偶《どぐう》や埴輪《はにわ》といった人形の文化が発展してゆくのだ。西安・古代中国の国家である唐の都・長安の「兵馬俑《へいばよう》」などもその一部に近い。

日本人は、この農耕民族の性質を色濃く残している。中国人や韓国人よりもその気質が色濃く残っているのは、当然に、日本が島国であり、ほかと地続きではないという理由からだ。

このことによって、中国ではチンギス・ハーン率いるモンゴル騎馬民族国家に占領され、フビライ・ハーンによって「元」という国家を建国されたり、朝鮮半島では北方騎馬民族の高句麗《こうくり》などが国家として占領された経験が日本にはなく、有史以来ずっと農耕民族である大和朝廷の支配が続いているのである。「元寇《げんこう》」のような侵略戦争があったが、それこそ「神風」により敵を退けているのだ。これらは、九州の一部に防塁が残っているものの、中国のような大規模な騎馬民族の防護塁である「万里の長城」などは存在せずに、その支配関係が成立しているのである。

為政者の交代とパフォーマンス

その支配関係が継続している日本において、当然にその支配機構が確立してくる。

とはいえ、中世、近世は、マスメディアが発達していないので、当然に、権力者・為政者の交代に関しては、派手なパフォーマンスを必要とした。農耕民族は、支配者が代わったといえども、同一民族であることから、奴隷にするなどのことは少ない。結局は支配者の変更をパフォーマンスで市民にアピールし、農耕民族の多くを新たな為政者の支配下に置くということになる。

織田信長は、安土城という豪華な天守閣をもつ黄金の城を建立し、その威勢を四方に広めた。遠くから城を見るだけで、その権勢がわかるというものである。織田信長ののちに為政者となる豊臣秀吉は、織田信長が本能寺で倒れた後、賤ヶ岳《しずがたけ》の合戦で、政敵柴田勝家を北の庄（現在の福井市）で滅ぼし、自らの政権基盤をかためた後に、京都で大々的に織田信長の葬儀を執り行っている。

葬儀を行うというのは、違和感があるかもしれないが、葬儀とは、前の為政者が死んだことを広く世に示すとともに、そのいわば葬儀委員長を務めることで、次の為政者になったということを示したのだ。そこに参列した諸将は、信長の棺にひれ伏しても、周囲で見る京都の市民には秀吉にひれ伏したように見えるのだ。そのうえ、納棺として京都市内を練り歩けば、当然に現在の野球の優勝チームの祝勝パレードのような宣伝効果を生む。マスメディアが発達していないから、その模様を中継で見ることはできないが、逆に「口コミ」でその豪華さは百人百様の尾ひれがついて、より一層大きな話となって多方面に伝わるのだ。

その豊臣秀吉の次の為政者である徳川家康は、大坂の陣で豊臣秀頼を滅ぼしたあと、大阪城を廃棄し、その上に盛り土を行って、新たな城を造営している。現在の大阪城の下に、別な石垣があることが、近年の調査で分かっている。

このようにして為政者は、自分の権威とその権威の交代を示すために、自分の前の為政者を徹底的に破壊し、そして、その破壊を世に知らしめたのである。

この風習は古墳時代に自分の墓を大きく山状に造り上げたり、古代エジプトのファラオがピラミッドを造ったのと変わらない。造営、及び建築は為政者の権威の象徴であることは古代から現代まであまり変わるものではないのかもしれない。何しろ、造営物は、肉体が滅んだ後も存在を続けるのだから、それなりに豪華で、その時の文化を象徴するものが必要になる。当然に、その造営物を造るということは、多くの人を徴用し、自分のために労役に従事させるのであるから、その権勢は残った建造物以上にその当時においては大きな力を示すことができたであろう。労働力の徴用と同時に、経済的にももちろん、優位性があるということを意味するのだ。このことは現代の建築に関しては異なる目的のものもあるようであるが、そのことは、別な機会にゆっくりと検討することにする。

このように、前権力者の偉業を破壊し、その上に自分の象徴を建造・造営することは為政者の完全な権力誇示である。ところが、江戸時代のように、長い期間、将軍だけでも15代にわたる長期安定政権を築くと、その間は、前権力者の否定をする必要がなくなる。前権力者と自分の血縁があってこそ、今の権限と地位が存在するようになっているのであるからだ。

また、継続する権力の継承において、一代の者が労働力の徴用や金銭の収受を多く行ってしまうと、次の代での安定政権が築けないという欠点もある。江戸幕府において、初代の徳川家康から3代家光までの将軍は、名古屋城築城や日光東照宮の建立《こんりゅう》など、さまざまな造営建築に各地の大名を徴用した。

このことは各地の大名から労働力を召し上げ、大名ではなく徳川将軍家が真の支配者であることを直接民衆に印象づけると同時に、各大名にその資金を出させることによって、各大名が軍備をそろえ、長期間にわたる戦争を起こせなくなるように資金を吸い上げる効果をもたらしたのである。

しかし、4代家綱以降は、そのような大規模な造営をあまり行わなくなった。これは徳川将軍家による支配が確立したと同時に、その支配の継続性が民衆の間に浸透したことを意味する。

長期で平和になった民衆の「闘争心」の向く先

支配者間のそのような対立がなくなると、その分、反権力者に対する破壊と処刑を行ったことに関するプロパガンダは、非常に激しいものになる。

江戸時代の処刑の多くが公開されていたということに関しては、その残酷性や嗜虐性《しぎゃくせい》という意味もあるかもしれないが、それら残酷な刑罰に処することによって、犯罪者が適切に処罰されたことを示すということと、犯罪を行えば残酷に処刑されるということによる犯罪抑止効果を狙ったものである。「市中引き回し」「打ち首獄門」などという、犯罪者やその死体を市中に公開する方法は、そのことによっての市民へのメッセージとして活きていたことになる。

基本的に、処刑は『ハンムラビ法典』と同じように「報復刑」を中心に行われていたようだ。放火の罪で死罪になった者は「火あぶりの刑」に処せられる。有名な「八百屋お七」も火あぶりの刑になったと伝えられる。

当然に、為政者だけではない。そのような変化していくのは、市民側もそうである。戦国時代までは自分の従属する大名を信頼し、また、敵国の大名を嫌悪していた。しかし、戦国時代のように隣国との戦争がなくなり、長い間戦争のない平和が続くと、隣国との対立関係はなくなる。それればかりか、国内流通が発達し、各地の特産が商業と物流往来によって行われ、それにより生活が便利になってくることによって、それまでの戦国のような地域別の対立は生まれなくなってくるのである。逆に言えば、上杉謙信と武田信玄の戦いのときに生まれた美談で、故事成語にもなっている「敵に塩を送る」というような話も、永きにわたる平和の世の中では成立しないことになるのである。

人間には闘争心がある。イングランドの哲学者であり、近代政治思想家であるトマス・ホッブズ（Thomas Hobbes, 1588〜1679）は、その著書『リヴァイアサン』（題名は旧約聖書に登場する海の怪物レヴィアタンの名前から取られた）の中で、人間の自然状態を「万人の万人による闘争」であるとし、この混乱状況を避けるためには、「人間が天賦《てんぷ》の権利として持ちうる自然権を、政府（この政府または国家を指して「リヴァイアサン」と言っている）に対して全部譲渡（という社会契約を）するべきである」としている。この闘争心が、戦国時代には、地域ごと、戦国大名ごとに設定されていた。

要するに、これは支配階級者同士が為政者をめぐる争いであった。よく戦国時代の小説などを読むと「京都に旗を立て天下に号令を」というフレーズが出てくる。実際、戦国大名の多くは京都へ出て天下に号令などということを考えるよりは、地元の領土の安定と領土の拡張ということに腐心していたと考えられるが、今川義元や武田信玄の上洛という行動などを見ると、上洛し、それなりに同僚大名を支配するという意味合いがあったのかもしれない。

いずれにせよ、日々の生活の中において、隣国との戦争ということが常々想定されていることは間違いがなく、人間そのものの闘争状態は満足させられていた。これは大名だけでなく、大名に軍兵として徴用される多くの民衆も同じ価値観と闘争に対する考え方を持っていたであろう。人間そのものの闘争心は隣国の大名へと向けられていたということになる。

しかし、このような支配階級、要するに大名同士の主導権争いが解決し、徳川幕府が開かれて戦争のない平和な時代になると、その闘争心が同じ地域内で消化されることになる。その一つが「差別」という、人間を階級分けすることによって対立軸を作るものであり、もう一つの対立が、「批判」になるのである。

日本人は、江戸時代の長い平和の時代の中で、この上下関係による対立が非常に多く残っている。現代にも残る同和問題のもととなる「穢多《えた》・非人《ひにん》」などという差別階級が明確化するのもこの江戸時代だ。ことに「士・農・工・商」の身分制度の他に、穢《けが》れた作業、例えば墓守りなどの常人が行わない仕事をする人を、これらの呼称で読んでいた歴史がある。

これらの差別に関しては、明治時代に「士・農・工・商」の身分制度が廃止され、廃刀令が出されて、武士もすべてが平民になったのちも、戸籍上「新平民」と記載されて差別されていった。戸籍上の記載が完全になくなったのは戦後のことであり、それでも差別する慣習が残った。それが、同和問題として現代まで継続している。

もう一方の「批判」に関しては、元禄時代、要するに戦争も完全になくなり市民文化が栄えた時代に、「政府がなくても市民は生活していける」という自信から、「政府」（この当時は幕府）に対する批判を平然と行うようになる。政府側の重役が悪徳代官などを懲《こ》らしめるという意味では『水戸黄門諸国漫遊記』や『大岡政談』などが挙げられる。幕藩体制の矛盾を指摘し、主君への忠義を貫いて切腹を申しつけられる『忠臣蔵』や、金持ちから金を盗んで貧しい人に配る『ねずみ小僧』などの物語が江戸庶民を沸かせた。

また、徳川幕府に対立した豊臣秀吉の一代記『太閤記』（寛永3＝1626年、儒学者の小《お》瀬甫庵《ぜほあん》著）や『真田十勇士』（江戸時代初期の『真田三代記』が原作とされる）などの活躍は、暗に、当時の体制の徳川幕府の為政者を批判したものであるとされる。

このほかにも、川柳・狂歌などにおいて幕藩体制を揶揄《やゆ》する内容は多く見受けられる。享保の改革において8代将軍徳川吉宗は、これらの町人の力を役立てるように、江戸町火消しを組織したり、米《こめ》本位制に戻し貨幣通貨制度を一時緩めたり、あるいは目安箱《めやすばこ》を設置して、庶民の声に耳を傾けた。

この「政府に対する批判精神」は、「批判する」というよりは「揶揄する」というレベルまで貶められたものを含めて、どうも現代日本のジャーナリズムにまで残ってしまっているようである。

明治政府と民権運動と政府批判

明治維新以降、政府に対する批判精神は、そのまま民権運動へと形を変える。川上音二郎の「オッペケペー節」などにつながったり、または一部共産主義と一緒になるようになる。

長期間の平和によって闘争心が上下関係や階級社会を根にして生まれる「批判」は、その階級という構造を払拭《ふっしょく》または廃棄するという方向に向かうのだ。明治時代、この状況が自由民権運動などに代表される活動になる。

自由民権運動では、板垣退助などが非常に有名で、襲撃事件の時に「板垣死すとも自由は死せず」と言ったという逸話は、それなりの信憑性を持って伝えられた。自由民権運動は、征韓論によって下野した板垣退助、後藤象二郎、江藤新平、副島種臣らによる愛国公党が政府に提出した「民撰議院設立建白書」（1874年）以降、藩閥政府による政治に対して、国民代議員議会の開設、不平等条約の改正、言論と集会の自由の保障などの要求を掲げた運動である。

自由民権運動は当初、明治政府による支配とその支配に不満を持つ士族たちの運動であったが、不満士族の乱が西南戦争によって終息すると、下野した政治家や不平士族だけでなく、広く農民などを含む民衆に広まり、以降中江兆民などの民権思想家も多く輩出し、政府も国会の開設と日本帝国憲法の制定に動くようになる。この自由民権運動は1890年の帝国議会開設ころまで続く。中には「秩父事件」や「加波山事件」などの武装蜂起など過激なテロまで含むことになる。

自由民権運動の父・板垣退助

この自由民権運動に端を発した思想、しかも過激な思想は、政府に民衆の意見を入れるというものではなく、共産主義、無政府主義という考え方に大きく傾向するようになっていく。一つには、民権運動で戦ってきた多くの人が政府の要人になっていくということもあり、過激思想家だけが取り残され、より過激さを増すという状況になったためともいわれる。

1906年に日本で最初の社会主義政党として堺利彦が主宰する日本社会党が「国法ノ範囲内ニ於テ社会主義ヲ主張ス」という合法主義を前提に組織され、「日刊平民新聞」を機関誌として成長した。しかし、それでは足りないとして、1922年に当時の絶対主義的天皇制に反対し日本を民主国家にすることを目標とした日本共産党が非合法で組織されるにいたった。創設当時から、治安警察法などの治安立法により非合法活動という形で活動を行ったため、治安維持法違反で幹部の多くが検挙されるにいたる。

共産主義とは、財産の共有を目指す思想である。共産主義思想の一つの潮流であるマルクス主義では、資本主義社会をブルジョアジー（資本家階級）とプロレタリアート（労働者階級）の階級対立によって特徴づけ、ブルジョア的所有を廃止するためのプロレタリアートによる権力奪取を共産主義者の目的とした。要するに、生産手段の私的所有を社会的所有に変えることを目指す。

また、この思想に基づく体制も共産主義と呼ばれる。共産主義の革命として名高いのがロシア革命であり、その革命は『戦艦ポチョムキン』などの映画で知られている。しかし、そのロシアも、社会主義と共産党一党独裁による政治の硬直化と、その硬直化をもとにした政治腐敗が深刻化し、1985年に共産党書記長に就任したミハイル・ゴルバチョフが提唱・実践した「ペレストロイカ」といわれる政治体制の改革運動によりその体制も崩壊する。

共産主義に関しては「二十歳《はたち》までに共産主義にかぶれない者は情熱が足りないが、二十歳を過ぎて共産主義にかぶれている者は知能が足りない」とイギリスの首相チャーチルが言っているが、このような状況をチャーチルは見越していたのかもしれない。ちなみに、その共産主義のことを「左翼」というが、もともと「右翼」「左翼」という用語は、フランス革命後の議会で、議長席から見て右側の席を保守派が占めたことに由来する。

いずれにせよ、社会主義、共産主義といっても、その国家、地域、集団には指導者が必要であり、その指導者が為政者となっているということになる。それが、血筋などの封建的階級制度によらないという主張と考えられる。

時代によって、当然に「批判精神」の攻撃する「批判」は形や目標を変えることになる。しかし、その目標はどうあれ、その主張を行うためには、非合法であった戦前の日本共産党が「日刊平民新聞」を機関紙にしたように、マスコミ媒体で広く民衆に訴えるということになる。

戦前、戦中まで、日本政府は、そのマスコミ媒体をきつく管理・統制しようとした。「新聞紙条例」「讒謗律《ざんぼうりつ》」などはそれらが法制化されたものであり、また、一般には「治安維持法」が施行されていた。これにともない、「大逆事件」などの混乱も多く発生し、過激な思想活動は制限されたのである。

しかし、これらの思想統制や言論統制が、極度な天皇崇拝と帝国主義を生み出し、太平洋戦争に突入し、日本の国土を焦土とするほどの敗戦を迎えることになる。日本において、国内戦争は別にして、外国との戦争で本土が焦土となる経験は初めてである。

日本人は、農耕民族である。また、事実上の単一民族国家である。以上のことから民族そのものが、あるいは日本という国家そのものの存亡の危機を迎えることは初めてであった。

日本人は、何かがだめになると完全に逆の道に進んでしまう。物事を中庸《ちゅうよう》や運用のみを変えるということにとどまらないのだ。日本は「治安維持法」「新聞紙条例」などを廃止し、日本国憲法の中に「思想の自由」(19条)、「信教の自由」(20条)「集会、結社の自由」(21条)というように、憲法でこれらを制限しないようにされている。現在、これらの自由を制限するのは刑法(名誉毀損罪または侮辱罪)及び破壊活動防止法など、第三者などに危害を加える場合に限られる。このことによって、戦前弾圧された共産党も合法的に日本共産党として政党が成立するようになった。

戦後ジャーナリズムと歪んだ「批判精神」

この中において、それまで政府を批判することができなかったマスコミ・ジャーナリズムが一斉に政府を批判する。政府を批判することそのものが、監視システムである、監視する第四の権力者であるかのごとく振る舞うようになる。現在の日本の「批判精神」に凝りかたまったジャーナリズムは、ここに由来する。

「ジャーナリズムは批判精神である」という人々の論拠を要約すれば、ジャーナリズムが真実を伝えなかったことにより戦争に発展し、そして戦争に敗れた。戦後に敗因を検証すると、「大本営発表」として戦時中の世界情勢や戦況を正確に伝えなかったことから大空襲や原爆による莫大な被害を被ったというのである。批判精神で政府を監視しなければ、政府は戦争で国民を殺す行為に向かってしまうということだ。

このようにして日本のジャーナリズムは、「敗戦と戦前政治の反省」と「言論の自由」を錦の御旗として一気に左傾化し、極度に政権を批判することとなる。どちらかというと「批判するための批判」を繰り返し、その繰り返される「批判するための批判」がいつの間にか民意を形成するようになってくるのである。

これが危険な傾向であったことは、日本帝国主義の破壊に走ったアメリカ進駐軍も、レッドパージを行ったことにも表れている。レッドパージとは、GHQ（連合国軍最高司令官総司令部）のマッカーサー総司令官の指令により、共産党員が公職追放された動きに関連して、その前後の期間に、公務員や民間企業において、日本共産党員とその支持者と判断された人々が次々に退職させられた動きを指す。また、一九四七年の「二・一ゼネスト」の中止命令などもマッカーサー総司令官によって行われたのである。日本の場合は、一つの大きな失敗に関して、正反対の方向に動いてしまう傾向が強い。その行き過ぎを危惧《きぐ》したGHQは、労働組合と共産主義、言うなれば「行き過ぎた批判精神の暴走」を抑えたのである。

この歴史的な流れでジャーナリストが「批判精神」を掲げ、また、それこそが日本を戦争に導かないのだ、ということを主張するのである。

歴史的反省のない批判精神の実態

歴史的な事実の反省は、過去を否定することではなく、過去を正確に分析し、その分析における結果を踏まえて行わなければならない。

ただ単に過去を否定し、そして、その行動を非難する人々が過去の失敗をあげつらって、過去の失敗が繰り返されるかのような恐怖を煽るのは、単に反省から逃げているだけである。

国際社会から日本がいまだに戦争責任を問われているのは、これらの国内の反省なき批判精神と過去の否定をするだけで「贖罪《しょくざい》」と思っている人種が日本の指導的立場にいることが、あるいはジャーナリストとしてそれらの情報を垂れ流していることにも遠因がある。

これは私だけの意見ではない。韓国の政府高官、中国国務院の高級官僚、東南アジアの国務大臣などの意見をまとめたものである。

もっと言ってしまえば、自分たちも一緒になって帝国主義を讃美していたにもかかわらず、戦争が敗戦と結果が出てから、さも自分たちは戦争に反対していたかのように装い、「批判精神」として正義漢ぶっている状況を、国際社会は嘲笑の対象としてみている。広い意味での「裏切り者」「無責任」が日本に蔓延《まんえん》しているというのだ。私が外国に行って話を聞くと、いつも外国人からの日本人像で、この壁に突き当たってしまうのだ。

「他人を批判すること」は、相手のことを分かったうえで、違う視点を見つけたかのようなインテリジェンス（知性）を偽装できる。しかし、真のインテリジェンスは、その先にどのような結果やリスクが待っているかを指摘すること

占領政策を指揮したマッカーサー

ではなく、何をすべきかを指し示すことである。国民は「単に批判するだけ」のジャーナリストや政党に惑《まど》わされないでほしいと思う。

「反権力」としての「批判精神」はこうして形成された。日本には、戦後一気に左傾化された「批判精神」がジャーナリズムを乗っ取り、いたずらに政権を攻撃する風潮が少なくない。また、それを気取って、将来の日本のことも現在必要な政策も語ることなく、「批判精神の上に民意を感じる」政治家がいるのだ。

次章から、この「反権力」を民意として成立している政治について、より一層の暗部を暴き出してみたい。

〔第二章〕

民主党不況とマスコミ不況はなぜ起きたか

経済復興を成し遂げた「55年体制」

太平洋戦争による敗戦で、日本の国土は焦土と化した。その惨状から、日本経済は朝鮮特需によって復興の足がかりを作り、その後、高度経済成長をなしとげ、世界有数の経済大国になった。この「奇跡の経済復興」は、日本の技術力と経済力を世界にまざまざと見せつけた。

日本はよく、「経済一流・政治三流」といわれる。戦後の復興をはじめ、経済分野では非常に素晴らしい、世界の模範となるものだが、政治に関しては、アメリカやソ連（現在のロシア）、イギリスのような指導的立場に決してなれないというのである。

しかし、必ずしもそうではない。私の個人的な見解かもしれないが、「朝鮮特需」以降、高度経済成長からバブルまでの日本の経済発展は、日本特有の「保護主義経済」の上に成り立っていたものである。そして、それは、政府の経済政策が日本経済をしっかりと守っていた結果に他ならない。この「右肩上がりの経済」が終わったのは、1990年代前半のバブル崩壊が社会現象を起こしたときである。

バブル崩壊という現象は、いつ始まったという契機はない。いくつかの事項を複合して「バブル崩壊」とその後の「失われた10年」という。

それでもいくつかの原因を考えれば、1989年の「東西冷戦の終結」が一つの契機であるし、また、隣国クウェートへ侵攻したイラクを多国籍軍が排除した1991年の「湾岸戦争」、それに伴う石油危機を挙げる人もいる。いずれにせよ、それらに対して、弾力的に手を打つことができなかった日本の政治にも問題がある。日本の政治による日本経済の保護が全くできなくなったのが、冷戦終結を契機とした「55年体制の崩壊」なのである。

「椿事件」と「55年体制の崩壊」がもたらした不景気

1993年の第40回衆議院選挙が、「椿事件」というマスコミによる恣意的な報道によって「55年体制崩壊」を招いたことは前章ですでに述べた。経済事件は、何かの契機があってから、その影響が顕在化するまでにかなりの時間を要する。今回の「100年に一度の不景気」といわれる「リーマンショック」も、サブプライムローンの崩壊という事態を招いてから数年が経過している。

経済の崩壊とそれに対する対処方法は、火事と一緒だ。早いうちに修正すれば簡単な問題も、長期間放置してしまえば、誰も手がつけられない大災害になってしまう。サブプライムローンの制度崩壊が始まったときに、そのローンの制度に対する見直しをしておけば、現在のような

「世界同時不況」は起きなかったかもしれない。「かもしれない」と言うのはかなり無責任であるし、完全に結果が出てからの評価であるからどうにもならないが、やはりそう考えないわけにはいかない。

日本の「バブル崩壊」も全く同じである。

1989年の冷戦終結とそれによる円ドル相場の乱高下、そして湾岸戦争による貿易の不安と石油製品の値上がりによって「バブル崩壊」ははじまるが、その影響が出るのは1990年代の後半である。その間に適切な処理をすればよかったのかもしれないが、当時、「批判精神」に凝り固まったマスコミは、連日、「リクルート疑惑」や宮沢喜一首相のスキャンダルをあげつらい、政局論に終始し、政策論を一切行わなかった。

マスコミの報道と政府批判が「民意」と思いこみ、根本的な経済構造や日本の経済と政治の状況を理解していなかったであろう小沢一郎（現民主党代表代行）、羽田孜などの旧経世会（竹下派）議員の自民党離党がそれに拍車をかけた。そのような重要な時期に「経済対策」に真剣に取り組まなかったことが、日本の「バブル崩壊」と「失われた10年」をつくり出したのだ。その影響は計り知れない。「批判精神」によって放置された「バブル崩壊」は、結局、55年体制だけでなく、日本国民の生活まで破壊したのである。

「住宅金融専門会社（住専）破綻《はたん》」は数多くの金融機関に影響を与えた。住宅専門金融機関がなくなったことで、低所得者が銀行以外から住宅金融を受けることができなくなってしまった。このことは一時的に住宅需要を悪化させた。住専問題はスキャンダルも存在したが、今回のサブプライムローンのように、住専による金融システムが崩壊したわけではなかった。にもかかわらず、マスコミの報道と批判精神によって、それらが崩壊したのである。また、それらが「民意」とされてしまったために、住専は「政治によって見殺しにされた」のである。

また、このバブル崩壊によって、一気に経済対策と資産価値がなくなってしまったので、北海道拓殖銀行（拓銀）、日本長期信用銀行（長銀）、日本債券信用銀行（日債銀）などが次々と経営破綻に陥った。これらを救ったのが「ハゲタカファンド」と呼ばれる外資系金融機関であった。長銀は新生銀行になり、日債銀はあおぞら銀行に、それぞれ「ハゲタカファンド」によって再生されたのである。フェニックスリゾート（宮崎シーガイアを経営している会社）の経営破綻とアメリカ金融会社リップルウッドによる買収は、これら「ハゲタカファンド」の象徴的な出来事として報道された。

マスコミも初めは「ハゲタカ」と言っていたが、いつの間

1998年9月23日、長銀買収会見

にか「外資系金融機関」と呼称するようになり、その金融機関の影響力が非常に大きく、またバブル崩壊の歯止めになっているという現実を突きつけられる。いつの間にか、「ハゲタカ」扱いをやめ、また、それらの資金力を頼るような論調になっていることが、マスコミの無責任な批判ぶりを象徴している。

今回破綻したリーマンブラザーズもそのような状況で日本に入ってきた外資系金融機関の一つであることは言うまでもない。これらの金融機関の破綻は、これら金融機関をメインバンクとしていた企業を一気に資金不足や経営不振に陥らせてしまう。中小企業はもとより、ライフ、そごう、第一ホテル等も破綻に追い込まれることになった。

金融機関の破綻と、生き残った金融機関の生き残り策は、「貸し剥がし・貸し渋り」ということと、「追加担保の要求」など、結局国民生活や企業の業績に転嫁される形になった。金融機関による「護送船団方式」が否定された結果がこれである。

これらにより中小企業をはじめとする倒産が非常に多くなり、また大手企業といえども、経営を維持するために「リストラ」をしなければならなくなった。「リストラ」とは「リ・コンストラクチャリング」、要するに「再生（企業再生）」の略語であるが、日本の場合、企業における人件費の割合が高いことから、いつの間にか「リストラ」は「経営悪化による企業都合の解雇」のことを指す和製英語になってしまっている。

政府は、これに対して「雇用の自由化」という対応をとって雇用を増やす政策を行った。しかし、そのことが今回の景気の悪化による「登録制派遣」と「製造業派遣」の崩壊という事態になり、2008年末の「派遣村」を生み、社会問題化したのである。

政局論は経済を悪化させる最大の原因

いずれもそうであるが、1993年に政局論に傾いた政治には悔やまれることばかりだ。その時点で効果的な政策が実行されていれば、現在の不景気はなかったかもしれない。

このように書くと、民主党などは「鬼の首を取ったように」このことを挙げるが、そうではない。最も良くないのは1993年の細川内閣からの「空白の327日」である。この時にこそ、もっとも重要な経済政策が必要であったのに、政府は何もしなかった。その時の内閣の構成員は、今の民主党が中心である。

今、「景気対策」や「派遣村」を問題にするのであれば、なぜ、1993年の時点でそれら将来の問題への対処ができなかったのか。菅直人代表代行などは村山内閣で厚生大臣になっているが、カイワレ大根を食べるパフォーマンスをするよりも、やらなければならないことは山ほどあったはずだ。その後、民主党で様々なパフォーマンスを繰り広げているが、パフォーマンスだけで何もできていない。「ブーメラン政党」と呼ばれたのも菅直人氏の発言がきっかけだ。

そもそも、現在の年金問題に厚生大臣として気づかずに過ごしていたのは、「無作為の作為」ではないのか。薬害エイズや原爆被災者認定など、今民主党が声高に批判している問題の責任は、当時の厚生大臣にもあるはずだ。小沢一郎も、鳩山由紀夫も同じである。この時に中心メンバーとして55年体制を崩壊させたというが、それによって経済の崩壊と国民生活を不安定にさせたのは間違いのない事実であり、その反省の言はいまだに聞こえてこない。1993年、自分たちが政権を取っていた間、またはそれをまたいでいた事件でさえ、現政権を詰問し、また攻撃しているのは、見ていて不愉快である。

それでも、彼らを評価する動きが少なくない。ここに私の個人的な意見を差し挟むのをしばらくやめて、彼らがこだわった「55年体制」とは何か。そして、それに抵抗する勢力の正体とは何か。それらと現在の民主党（1993年の55年体制崩壊から、現在の野党で共産党以外は離合集散が多くすべてをあげるつもりはないので、民主党に代表してもらうことにする）は、どのようにつながっているのか。そのことを詳細にみてみよう。そして、それが現在の鳩山代表による民主党の政策にどのようにかかわっているのかを分析し、彼らの政策を検証してみることにする。

「55年体制」の歴史的総括

では、まず55年体制に関してみてみよう。55年体制とは、1955年に自由党と日本民主党の「保守合同」によって巨大保守政権が出来た。また、社会党右派と社会党左派が合同して日本社会党が革新政党として成立した。この保守政党である自由民主党と革新政党である日本社会党による二大政党体制のことを「55年体制」という。

戦後、日本ではそれまで治安維持法などによって非合法とされていた革新政党、共産主義政党が合法化された。それとともに、保守または新保守政党が乱立するようになった。

もともと、戦前には立憲政友会や民政党などの政党があり、政党政治を行っていたが、五・一五事件以来軍部が強くなっていったこと、また、戦中になり戦時体制として大政翼賛会が公事結社として設立され、ほかの政党が機能しなくなったことによって、政党政治は全くなくなっていた。それが戦後に復活するにあたり、天皇崇拝を強く打ち出す党から、政党政治を復活させる保守政党まで様々な政党が生まれ、離合集

自由民主党の結成、「55年体制」のスタート

散したのである。

その結果、革新政党は、日米安全保障条約（安保）に対する態度の違いから、右派社会党、左派社会党に分裂していたが、１９５５年に、「護憲と反安保」を掲げて社会党再統一を果たした。

一方、保守政党は、旧立憲政友会系の自由党と、旧民政党系の日本民主党（現在の民主党とは異なる）が「保守合同」で合併して、自由民主党が設立される。これも１９５５年である。当時の国際情勢はアメリカ合衆国とソビエト連邦による冷戦体制だったので、55年体制も「改憲・保守・安保護持」を掲げる自由民主党と「護憲・革新・反安保」を掲げる日本社会党の二大政党体制という日本の政治構造（「国内冷戦」）であると評価されていた。

55年体制は、１９９３年まで38年間続いた政治体制である。この間、日本はこの安定した政治体制をもとに、奇跡の経済復興をとげる。この経済復興は１９５６年に当時の経済企画庁が発表した経済白書「日本経済の成長と近代化」によるものである。その最後に、「今や経済の回復による浮揚力はほぼ使い尽くされた。……もはや戦後ではない」と記述されたのは有名である。この「もはや戦後ではない」は流行語になった。「戦後ではない」とは、すでに戦後復興を終え、今後は経済の独自発展が期待されるということである。しかし、そもそもこの経済復興は、全て「政官主導」で行われたものである。

1945年、日本は史上稀にみる惨敗を喫した。日本の国土は大都市の建物は消え、ほとんどが焼け野原になったばかりか、戦地に大量の物資を供給していたことと、労働力がほとんど兵隊にとられてしまったために、食料などの物資が欠乏、また、3年半に渡る戦争は、日本国内への輸入物資の枯渇に苦しんだ。まずは日々の生活、ことに食べ物に困るようになり、都市部には山間部・田園部からの物資の輸送が滞った。自動車も、それを動かす石油も日本にはなかったのである。また、それらを手にするために資金を稼ごうにも、そもそも工場など働く場所も全て空襲で灰になっていたために、就職口もないということになった。

GHQと日本政府は、まず戦後の復興を第一に掲げ、産業の再生を図った。政府の設備投資促進策による工業用地などの造成や産業の復興を行った。さまざまな改革によって日本政府と日本国民は経済と戦後の復興をとげ、現在の民主主義国家を形成してきたのである。

戦後民主化と高度経済成長

戦後の民主化改革とは、(1)教育の民主化、(2)財閥解体、(3)農地改革(小作農の自作農化)、(4)労働者の権利の尊重、(5)男女同権、によって構成されていた。

この各々に関して日本政府とGHQは日本の改革を行った。これらの指針に従って日本政府と日本人は、戦後の民主化とそれに伴う経済の復興を行ったのである。

日本人は、ある目的とその目的に対する道筋を示せば、勤勉に、そして公私の別なく働く民族である。資本主義・自由主義を標榜《ひょうぼう》しているものの、農耕民族と日本型島国民族という特性が、そのような場合の社会主義的な資質を兼ね備えさせているのかもしれない。

この社会主義・集団主義的な日本人の性向をどの方向に向かせるか。これを示し、そこに重点的に予算を配分し、そしてその結果、資金を末端の労働者まで行き渡らせて社会に流通させる仕組みを作ること。このことこそ、日本の政府が終戦後10年間で行った功績である。

財閥解体や農地改革は、労働者が労働に見合う分、資本家は投資に見合う分の報酬を得られるという考え方を身につけた。これにより、戦後の日本の社会の個人主義化が進むのだ。労働組合などの組織化や労働者の権利が尊重され、また、男女同権で女性に参政権が認められるようになった。日本の政治に女性の意見が尊重されるのである。戦後第一回の総選挙で当選した女性議員は39名であった。和服を着た女性が国会議事堂の議席に座る姿は、男女同権の象徴的な場面として広く報道されたのである。

これら日本の改革と、日本国全体が結集して復興に向かって努力をしたこと。これにより、改革は加速度的に進み、その成果がすぐに出るようになったのである。もちろん、１９５０年から始まる朝鮮戦争による「特需」がそれに拍車をかけたが、それまでにその需要に応えられるだけの生産力を保持していなければ、「特需景気」は無くなってしまうのである。要するに、戦後の改革が成功し、社会人の多くが個人の努力として、また一定の社会的な存在として、経済力も復興を果たしたのだ。戦後復興が1945年からの5年間である程度成功しており、そしてそれに対して「特需」という幸運があったために、戦後復興は10年で終わった。

戦後復興が10年で終わったということは、その後は経済界なり、政界なりが方針を示し、そしてその方針に従って国民が動かなければ、その時点で景気は停滞し、それ以降の好景気はなかったということになる。「神武景気」や「高度経済成長と所得倍増計画」は、政官主導と経済界の企図、そして国民の努力によって成し遂げられたものである。

「高度経済成長」とは、通常よりもより一層経済が継続して成長する様をいう。日本の場合、1955年から1973年までの18年間が高度経済成長期に当たるとされている。この間に、主要なエネルギーは石炭から石油に変わり、太平洋沿岸には石油コンビナートが立ち並んだ。

これらエネルギーの転換とそれに伴う設備投資は、日本国内における消費と投資を活発化させた。戦前戦中の軍需産業や生活産業の高い技術力もこの経済発展に大きく寄与したが、同時に政府の設備投資促進策による工場用地の造成や、それに対する優遇税制なども発展の手助けとなった。

また、これらの資金として民間の高い貯蓄率（投資の源泉）、高率の民間投資、そしてそれらの投資に関する金融機関の信用と、安定した投資資金を融通する間接金融の「護送船団方式」の採用は、高度経済成長を行うために、最も重要な金融政策として評価される。戦後の改革による労働者の権利の増進に伴い、良質で安い労働力、余剰農業労働力の活用、また、その労働力による個人収入の増加で、消費意欲の拡大が効果をあげた。高度経済成長の個人消費の象徴として、テレビ・洗濯機・冷蔵庫の三種類の家電製品は「三種の神器」と呼ばれ、急速に家庭に普及していった。これら家庭製品の普及は生活時間の配分にも大きな影響を与え、女性の社会進出を少しずつ促すことになった。

このような経済成長を背景に「所得倍増計画」が登場する。１９６０年代には東京オリンピックの開催やベトナム戦争、１９７０年に開催された大阪万博などによる特需もあったが、それだけでなく、政治主導の経済政策が功を奏したのである。日本の「高度経済成長」は世界的に見ても稀な例であり、終戦直後の復興から続く一連の経済成長は「東洋の奇跡」と言われた。その中で行われたのが「所得倍増計画」である。

所得倍増計画は１９６０年、池田勇人内閣の下で策定された長期経済計画である。閣議決定された際の名称は「国民所得倍増計画」という。

日本政府は、岸信介総理大臣の「声なき声」で有名になった安保騒動を乗り越え、日米安全保障条約を締結・批准した。これにより日本は防衛をアメリカに一任できるようになり、防衛費を抑え経済分野に優先的に配分できるようになった。具体的には輸出増進による外貨獲得を行い、国民所得と国民総生産を倍増させることを目的とした。それまでの国内需要中心から貿易立国、それも輸出産業を中心とした外貨獲得を目指したのである。

この政策では輸出に有利な円安相場（固定制）や安価な石油によって、日本の貿易に有利な状況がそろっていたことも挙げられる。固定相場制や石油ショック前の安価なエネルギー取得という、現在とは違う日本を取り巻く経済環境が有利に作用したといえる。これによって雇用を拡大し失業問題を解決し生活水準を引き上げることで、さらなる国内需要と国内総生産の上昇を企図したのである。

またこの過程で、具体的には農業近代化、中小企業の近代化、経済的に後進地域の開発（工業の分散）などによって、地域間・産業間における格差の是正も図られた。国民1人当たりの実質国民所得は「所得倍増計画」から7年目の1967年に倍増を達成した。経済成長率も驚異的な伸びを見せ、1968年には国民総生産（GNP）が資本主義国の中で第2位に達した。

高度経済成長を支えた「官僚政治」と「箱物行政」

現在、民主党が自民党批判によく使う「箱物行政」「官僚主導政治」は、このようにして55

年体制の下、「東洋の奇跡」と讃えられるほどの経済の発展と、日本を世界有数の経済大国に押し上げる原動力として、日本国民に貢献した。これらがなければ、今の日本の経済発展はなかったのだ。

しかし、これらが長く続くと弊害も出てくる。田中角栄首相の下で推進された「日本列島改造論」は、日本列島を高速交通網（高速道路、新幹線）で結び、地方の工業化を促進し、過疎と過密や、公害問題を同時に解決するというものである。これにより都市部への富の集中の解消と、日本における自動車輸送網の構築を完成させた。日本の物流の80％以上は自動車による輸送であり、そのための道路建設と各地における集積施設や公的施設の建設は地域社会に大きく貢献した。

しかし、第四次中東戦争をきっかけとするオイルショックにより、それまで「高度経済成長と所得倍増計画」の大前提になっていた安価な石油の入手という前提が崩れてしまったこと。また、その中において、逆に物資が全て大都市に行ってしまうだけでなく、人材や労働力も都市部に集中するようになり、過疎村が出来てしまうようになる。

建設が進めば当然に環境は破壊される。都市部では逆に住宅が不足し、住宅の高層化と矮小《わいしょう》化が進む。これにより、核家族化がより一層深刻になることになった。何よりも、開発の規模が大きくなったことで、高速道路など道路網の整備はその後も進み、道路建設は主にガソリン税の増税などによって実施されたが、それ以外の部分で開発国債の発行が多発し、国や地方自治体は多くの債務を抱えることとなり、様々な批判が出るようになった。

この「日本列島改造論」から始まる「箱物行政」は、国や地方公共団体などの行政機関が行った公共事業で補助金を得るために、施設や建造物の整備そのものが目的になった。また、補助金の要件を満たすために、地方自治体が実際に必要な設計や企画をしなかったことが大きな問題になる。それらの施設を「何に利用するか」や「どのように活用するか」が後回しとなった結果、整備された施設が有効に活用されず、結果的に施設が利用されなくなることが多くなってしまったり、周囲と不釣り合いになってしまうことに関して批判が出ている行政手法である。道路に関しても同様であるが、「不要なものを補助金で作り、そのために、地方自治体や国が借金まみれになっている」というものである。

それら「箱物行政」を推進し、その内容を考え運用するのが「官僚」である。官僚は、戦後の復興期にはリーダーシップを発揮し、まさに「国全体の奉仕者」としてその役目を全うした。しかし、彼らの根底にあるのは、民衆と隔絶したエリート意識である。そのエリート意識と、官僚の「奉仕者であるのに市民にとって利便的でない仕事ぶり」は、「官僚主導政治」として批判の的になっている。

官僚主導政治は、それまでの官僚の優位性が仇《あだ》になり、逆に不正の温床となってしまうし、市民のことを分かっていないという主張だ。その不正の温床となっているのが「行政指導」である。民間企業に行政指導といった形で実質上の命令を行うことによって、民間企業を実質的に支配しているというもの、あるいは天下りといった形で営業や経営に介入することが、入札制度やそのほかの状況で官民癒着の温床となっているというものである。

癒着の中に不正が混入する可能性が多く、また透明性が少ないという指摘もあるのだ。行政手続法などにより行政プロセスの透明化は進んでいるが、官僚に大きな裁量権が委ねられている部分は多い。特定の民間企業から政治献金を受け取った政治家が、官僚の裁量権に影響を与えようと圧力をかけるなど腐敗の温床になりやすい。

西松建設における小沢一郎の政治団体「陸山会」への献金問題での岩手県胆沢《いさわ》ダムの工事入札の件や、障害者団体「白山会」による第三種定料郵便不正DM（ダイレクトメール）事件で、日本郵便へ牧義夫議員の秘書が事情を聴きに行ったのちにDM発送が行われていることなど、最近でもそのことを疑われる例や、それによって疑獄事件に発展している例も少なくない。これら事件の詳細に関しては後述する。

また、そのこと、要するに官僚と民間企業と政治家の癒着に関して、法律で規制をすることを考えても、その法案自体を官僚が起草するので、実質的に骨抜きの法案になってしまうという指摘もある。議員立法は国会の機能であるが、国会議員が自ら法案を起案することはほとんどない。法案の大多数は官僚が作成するのはもちろん、議員立法もその多くは官僚のサポートに依拠しているといわれている。

成立法案でみると、1994年から2004年までの10年間で、内閣提出法案が全体の85％程度を占める法律が、官僚の起草によるものという統計もあるほどである。

つまり日本の法律は、現状として官僚の意のままに作られていると考えてよい。このようにして三権のうちの行政権が極めて強くなる傾向を「行政権の肥大化」という。民主党は、これに対して「政治主導の行政」と言ってみたり、「生活者主導の政治」と言うなど、批判する立場でありながら、その主張が一貫していないのである。

鳩山代表の官僚政治批判

官僚政治への批判として、鳩山由紀夫民主党代表は2009年5月16日の代表就任会見で、「私どもは官僚起点から生活者起点と、あるいは中央集権から地域主権、こういった大きな国民の皆さんに日本の姿が変わりますよというようなことをしっかりと示していく中で戦っていきたいと思います」と語っている。

またその具体的な内容として、5月27日の麻生首相との党首討論では、東京都三鷹市の小学

校の教育の現場にボランティアが入っていることを引き合いに出した上で、

「今の麻生政権、自公連立政権ですが、これは官僚任せの官僚主導の政権じゃありませんか。それに対して私たちは国民、市民、生活者に視点をあてたそういう政権をつくりたいんです、皆さん。もっと言えば、いわゆるタックスイーター、税金というものを食ってばかりいる人たちに発想を求めるような世の中ではなくて、タックスペイヤー、税金を支払っている側に立って、その発想の下で一つひとつの政策を作り上げていく。中央集権的な発想がまだまだあなた方にはあるんです。その中央集権の発想をすべてやめて、地域のことは全て地域に任せる、地域主権の国造りに変えていく。それが私たちの考え方です。（中略）

今までボランティアとか、NPO（民間非営利団体）とか、コミュニティースクールとか、なかなか大きな光というものが政治に与えられてこなかった分野に対して、もっともっと、政治に、そうした光というものを当てることによって、全体として、コストもかからないんです。ボランティアが中心で頑張れる社会なんですから、コストがかからないし、満足もより得られる。そういうさまざまな仕組みが、もういろいろなところで、できてきているんです。（中略）

友愛社会の国家を築いていくときに、二つのことが必要なんです。それは、一つはやはり、国民の皆さんに、そうは言ったって、政治に対して信頼ないね、と言われたら終わりですから、政治に対する信頼というものを回復させなければならないこと。それからやっぱり、『上から目線』の官僚主導の政治というものを打破していかなきゃならないんです」

と発言している。これに対して、麻生首相は民主党の政権交代の主張に反論して、

「『小さくても温かな政府』というのを確か最初のころに、7カ月ぐらい前に申し上げたと思いますが、そういったことを申し上げてきてますんで、われわれはきちんとした対応をしながらと申し上げて、政府は小さくすればいいというだけでないのではないとも申し上げてまいりました。またわれわれは、どのような形で国をというお話がありましたので、われわれは、この置かれている状況を、今後とも日本としてはほころんできているような、いろいろな福祉の面に関しても、われわれはきちんとやっていかねばならんということを申し上げているのであって、われわれとし

2009年5月27日、麻生・鳩山による初の党首討論

ての理念というものがないとすれば、私の方こそそうした理念はそれなりに申し上げておりますし、現実問題として政権交代といわれますけど、政権交代は手段であって目的ではありません。従いまして、どのようなことを現実問題として民主党がなさろうとしているのか、そこがわれわれから見ますと、社会保障の問題もまた、安全保障の問題も、その点に関しましては極めて不安を抱かざるを得ないというのは多くの国民の気持ちだと考えております」

また、三鷹小学校を例にとった官僚批判に関しては、麻生首相は以下のように応じている。

「政策として具現化していくということが、最も大切なんだと思っております。これが一番大切なんじゃないですか、政治家しているんですから。われわれは学者しているわけではありません。評論家しているわけでもありません。現実問題をやらなければならないという立場におりますので、そういったものをきちんとして、われわれはやっていかなければならない。(中略)

『官僚目線』というお話がありましたけれども、公務員には、私は公務員としての仕事があると思っております。公務員というものは、誇りをもって、公のために、国家のために尽くすような誇りをもってやれるようにしてやるというのが基本であって、官僚バッシング(たたき）だけやってても、なかなかうまくいかないのではないか。加えて、官僚を使われる立場になろうと目指しておられるんでしょうから、その時には、官僚を（使う）、ということを言われるというのであれば、官僚に対して、ぜひ、公に尽くすと。公務員というものを、きちんと、その人たちがやる気にさせるような方法を、社長になられるおつもりなら、そういったものを考えておかれないと、とても役人、公務員というのは動かないと思います」

鳩山「友愛社会」の幻想と財源不明の政策

鳩山代表の話は、耳に触りは良いが、具体的に何をするのかがわからない。

官僚が「上から目線」であるとか「タックスイーター」であるというバッシングは国民の感情に訴えるものがあるかもしれない。それだけ、国民は官僚をありがたいと思っていない。

しかし同時に、鳩山代表の主張通りにすれば、「ボランティアとか、NPO（民間非営利団体）とか、コミュニティースクールとか、全体として、コストもかからないんです。ボランティアが中心で頑張れる社会」ということ、要するに「ボランティアの組織化、ボランティアの制度化」を進め、「ボランティア参加の強制無償労働」を国民に強要する可能性を示唆しているのである。官僚という「全体の奉仕者」へのコストを削って、「無償のボランティアに大部分を任せる」ということである。

また、その構造に政府が介入するということも言っている。たとえば教育の現場で、資格のないボランティアに任せることで教育の水準を上げることができるのか、現在の教育水準を維持することができるのか。質の悪いボランティアに対してどのように対処するのか。もっと言えば、ボランティアの行動に誰がどのように責任をとるのか、という点がまるで明らかになっていない。また、その統括管理は誰がするのであろうか。

麻生政権とはいわないが、日本政府は過去にボランティアなどの活用を考えている。

たとえば、「特定非営利活動促進法（平成10年3月25日法律第7号）」は第一条に、「この法律は、特定非営利活動を行う団体に法人格を付与すること等により、ボランティア活動をはじめとする市民が行う自由な社会貢献活動としての特定非営利活動の健全な発展を促進し、もって公益の増進に寄与することを目的とする」とある。しかし、これまでは非営利性のもつ好感の得やすさを隠れ蓑《かくみの》に、事実上営利目的であったり非公益的活動を行ったりする例、ことに、特定企業の広報宣伝活動の隠れ蓑にしたり、犯罪に関与したり、実態は右翼団体の集金団体であったり、悪徳商法への関与が目立つようになった。これに対して政府（内閣府）は、活動が懸念される法人に対して「市民への説明要請」を実施し、この点についても法制化をめざしている。

また、ボランティア団体も「資金」がかかる。資金難で活動できなくなっているNPO法人も少なくないのである。背景には日本でのNPO法人に関する国民の理解が低いこと、そのため会員や企業からの寄付金も少なく、また実態も明らかになっていないので金融機関からの融資も受けにくいなどの問題がある。その結果、活発な活動を行っている法人の多くは行政や企業・業界団体からの事業委託に依存している。その結果、行政の下請け化または、先に挙げた問題点に戻るが「特定企業の広報宣伝活動の隠れ蓑」化が進み、自発性や自立性というNPO法人本来の特徴が失われてしまっているとの指摘がある。

鳩山代表の提案をそのまま受け入れれば、これらの財政難の問題や営利目的の隠れ蓑的なボランティアをどのように管理していくのか。その管理にどれくらいのコストがかかり、どれくらいの税の支出が必要なのかが明確ではない。

これらの財源に関して、鳩山代表は、よく指摘される財源問題に関して、5月16日の就任会見で、「(特別会計と一般会計の統合化総額で)207兆円の1割程度、20兆円程度は、新しい、国民の皆さんに期待される優先度の高いもので使っていこうじゃないか。優先度の低いものを削るということでございます。(中略)政権を取った暁には精査をして無駄遣いを徹底的に排除する。われわれは10兆円程度は無駄遣いがあるなということは気づいたわけです」と言う。

農家への100万円の支給や中学生までの児童補助31万円の支給などのバラマキ政策をしなが

ら、ボランティアの財政難をいかに解決するのか。

鳩山代表は「ボランティアは金がかからない」という意味で、コストの問題としてこの話題を持ち出しているが、実際に、3万4000を超えるNPO法人の約8割が財政難に陥っている状況でその活動を活発化させるためには、寄付金に対する税制優遇だけで足りるのか、補助金などの制度を求めるのかが問題になる。

いずれにせよ、財源問題が発生するのは間違いがない。逆に、政府を非難すること、官僚政治を批判することは簡単である。しかし、それを脱して、官僚政治をしなくなった場合に、何をするのかをはっきりと示さなければならない。

鳩山由紀夫の度を越した理想主義

「友愛社会」の実現のために「政治に対する信頼というものを回復させなければならないこと」『上から目線』の官僚主導の政治というものを打破していかなきゃならない」という二つの発言は、実は「二律背反」であることに鳩山代表自身が気づいていないことが最大の問題である。

政治への信頼は、そのまま、憲法でいう三権分立の行政府の信頼を回復すること。それは全くイコールで「官僚政治の信頼を回復する」ということか、あるいは「官僚政治をやめて、行政府を全く違う方法で機能させる」ということを示すのである。

麻生首相は「公務員というものは、誇りをもって、公のために、国家のために尽くすような誇りをもってやれるようにしてやるというのが基本であって、官僚バッシングだけやってても、なかなかうまくいかないのではないか。加えて、官僚を使われる立場になろうと目指しておられるんでしょうから、(中略)公務員というものを、きちんと、その人たちがやる気にさせるような方法、(中略)そういったものを考えておかれないと、とても役人、公務員というのは動かないと思います」と、官僚改革に関して「官僚政治の身体を回復する」、もっと言えば「官僚という専門家集団を、立法府の代議員や行政府の長である内閣の下で機能させて、その上で、全体の奉仕者としてやる気にさせる方法を考える」と主張している。

一方で鳩山代表は、「官僚政治を打破する」ために、「官僚を廃止し、全く違う方法で行政を機能させる」ということを企図しているのであるが、「打破した後、具体的にどのようにするのか」という将来像を全く示していない。それらしいのは「地方分権」であるが、地方分権だけでは地方自治体が「独立国家」になるだけで、何もできない。政府としての業務、国としての業務をどのようにするのかは全く何も示していないのである。まさか、「行政もボランティアでコストをかけずに行う」とでもいうのであろうか。

2009年5月31日の読売新聞の「政ナビ(政治部次長津田涉氏)」で、「『ソフト』より

『リアル』を」と表題した記事の中で、鳩山代表のエピソードが書かれている。エピソードであるからそのまま引用する。

「鳩山氏の『理想被れ』は際立っており、細川政権の官房副長官だった93年にも担当記者としてこんな会話を交わしていた。鳩山氏『政治家は落選を恐れていたら何もできないよ』、記者『お金があるからそう言えるんじゃないですか』、鳩山氏『あなたにそんな風に言われるとは思わなかった』と本気で悔しがっていた」

具体的な政策もなく官僚をなくしたらどうなるか

「友愛社会」は良いかもしれないが、そのことに対する経済的な影響や、国民の負担を考えなければならない。官僚制を批判するのは誰にでも出来るが、維持しなければならない制度であろうと思う。では、民主党お得意の「民意」は、この問題をどう考えているのであろうか。

平成16年9月15日に人事院国家公務員倫理審査会による「国家公務員に関するモニター」は、公務員倫理についての意見・評価等を聴取し、国家公務員の倫理保持のための施策を検討する際の参考とするため、500人に対してアンケート調査を行ったものだ。

国家公務員の倫理感についての印象を聞いたところ、「倫理感が高い」は1・8%、「全体として倫理感が高いが、一部に低い者もいる」は43・1%であり、合わせて44・9%となっている。一方、「倫理感が低い」は10・5%、「全体として倫理感が低いが、一部に高い者もいる」は21・8%であり、合わせて32・3%となっている。また、「どちらともいえない」は22・2%となっている。

また、過去1年ほどの国家公務員の倫理の保持の状況を、幹部職員と一般職員とに分けてそれぞれ聞いたところ、幹部職員、一般職員とも「変わらない」という回答が最も多かった。幹部職員では「良くなっている」は4・1%、「少し良くなっている」は16・0%の合わせて20・1%であり、「悪くなっている」は12・5%、「少し悪くなっている」は14・8%の合わせて27・3%であった。一般職員では、「良くなっている」は6・4%、「少し良くなっている」は21・8%の合わせて28・2%、「悪くなっている」は5・7%、「少し悪くなっている」は10・9%の合わせて16・6%となっている。

少数のアンケートかもしれないが、実際に、公務員は倫理感が高いと答えた人が44・9%もあり、低いとした32・3%よりも多くなっている。人事院の発表では平成20年度の俸給支給者は28万2546人、平均俸給は40万3984円である。倫理感も高いとされるこれだけの俸給支給者を批判し、それを崩壊させて何かよいことがあるのであろうか。

私自身は官僚擁護論者ではない。しかし、官僚制を急進的に打破するのは得策ではない。官僚を「全体の奉仕者」として機能させることが最も重要であり、それをいかに国民のために活用するのかということを考えなければならない、と思う。

残念ながら「官僚政治から生活者主導政治」といったところで、28万人余りの官僚を制御できない人が、1億2000万人の生活者全体の意見を統合して政治を行えるはずがない。「生活者主導の政治」とは具体的にどうするのであろうか。国民は全く分からずに全権を民主党に委託しろというのであろうか。それで「官僚を打破して民主党の議員による独裁をする」と言い出したら、どうなるのか。過去、ナチス党を率いたアドルフ・ヒトラーはその方法で民主主義政権から独裁政治を行い、そしてナチス・ドイツを率いて国際社会を混乱に導いたのだ。

将来の政策を示していない民主党は、私のこの指摘に「独裁などとは言っていない」「ナチス・ドイツと一緒にするのはけしからん」と反論するかもしれないが、それは、何をするか政策を具体的に示していないので、具体的にそうしないという公約も示されていないのである。「友愛社会」という抽象論だけで事を済ませていることに、説明責任が尽くされていない、と評価されている結果と受け止めるべきである。

「友愛社会」というスローガンにごまかされる国民は多いかもしれないが、戦前の日本も「八《はっ》紘一宇《こういちう》」「アジア共栄圏」「欧米帝国主義からの解放」というスローガンを掲げた。日本国民はそれを信じて戦争に突入したのだ。「友愛社会」がそれら戦前のスローガンと同じにならないとも限らない。そうでないということを示すためには、財源もはっきりした具体的な政策を示さなければならない。

さて、民主党の政治姿勢は別にして、鳩山代表の言う通りに政策を行ったと仮定しよう。まず、「官僚政治の打破」ということで、官僚が大幅に人員削減される。

小泉内閣の「構造改革」では、「民営化」ということで、各事業が独立採算で収益をあげられる構造になるようにしてきた。しかし、民主党はそれを全くしていない。要するに、「リストラ」である。

このほかにも「政権を取った暁には精査をして無駄遣いを徹底的に排除する」としている。「無駄遣いを排除する」のはよいが、それは同時に「リストラ、または事業縮小することによって余剰人員が生まれる」ということを意味する。それらの人々に対する補償をどのようにするのか。その財源はどこにあるのか。財源もなく、国民受けと選挙対策のパフォーマンスでそれを行えば、最大で28万人の失業者が出ることになる。それだけでなく、独立行政法人やその下請けを事業としている会社も倒産の憂き目に遭う。これらの失業対策をどのようにするのであろうか。派遣切りによって派遣契約を打ち切られた期間労働者は21万人いるという。そこに28万人の公務員やその関連業者が数十万の単位で押し寄せれば、もはや日本経済は完全に崩壊することになる。

これは極端なシュミレーションかもしれないが、官僚支配を打破して生活者重視にするという「スローガン」も、結局具体的にどのようにするのかが決められていないし、何も示されていないのである。スローガンだけで具体的に何も決めていない、政権を取ったのちに考えるというのであれば、混乱を招くだけであろう。

同じことは「天下り規制」にも表れている。私は天下りを完全に肯定するわけではない。しかし、天下りを完全になくしてしまうということは、それによる弊害も出てくる。公務員には「厚生年金」がない。60歳定年で年金支給の65歳までの5年間、公務員は無収入で過ごさなければならないということを意味しているのである。

鳩山代表は「４５００の天下り団体に、２万５０００人の天下った方々がおられて、そこにですよ、国の予算がどのぐらい出ていると思います？　12兆１０００億円のお金がそこに流されているわけで……」と党首討論で発言しているが、12兆１０００億円全てが人件費ではないし、それらの公務員退職者の家族の生活のことを考えなければ、公務員も国民であるのに、その生活を選挙のために無視する（または切り捨てる）ということを意味しているのである。

なお、この件に関しては自民党から公開質問状が出されているが、民主党は答えていない。一時が万事、民主党はこんな対応だ（後に例を挙げて解説する）。

「箱物行政」批判の結果、企業倒産が急増した

「箱物行政」も同様である。民主党は、「民主党『次の内閣』国土交通部門公共事業検討小委員会／パブリックコメント募集のご案内」を2009年5月20日に党のホームページに掲載している。その中には、

「ダムなどの大規模公共事業計画は、地域の生活を一変させ、時には地域住民の絆《きずな》を断ち切るなど、当該地域に大きな影響を及ぼします。そして、その計画がもともと無駄なものであったり、年月と共に意味がなくなったものであったりしても、中止後の地域再生・生活再建の法的枠組みがないため、地域からは中止の声が出しにくい現状があると考えます。

巨大公共事業計画によって翻弄《ほんろう》されてきた地域・住民生活を再建させるため、地域が主体となって民主的手続で再生計画を策定し、国が財政的にそれを支援する法的枠組みを検討しています。これにより、本来は無駄な公共事業が中止されるとともに、地域の再生・住民の生活再建を地域主導で行うことができると考えています」

とある。しかし、公共事業に関しては、同じ野党でも地方議員になるとそのニュアンスが大

きく異なってくる。今回、小沢一郎の西松建設不正政治献金疑惑の舞台になった岩手県、その県庁所在地・盛岡市で市議会議員をしている共産党・庄子春治議員は自身のホームページで、2006年12月の議会報告を行っている。庄子氏のHPから引用する。

「庄子議員は、この一律削減方式が、『どんなに助けを求める市民がいても予算の枠がないと門前払いする結果になっていないか』とその見直しを求めるとともに、公共事業の『一律削減』方式の弊害を指摘しました。

〈公共事業の一律削減で中小建設業者に大きな打撃／2年半で、廃業・倒産／22件も〉

盛岡市の行財政構造改革では、『公共事業の一律40％削減』が行われてきた結果、かつて、96年に41・6％を占めていた普通建設事業が、04年12・5％、05年13・6％まで落ち込みました。

庄子議員は『公共事業を「いっぱひとからげ」にして一律削減する結果は、市民の生活環境整備は先送りされ、大規模事業はますますその比率を高めた。このことが市内の経済に及ぼした影響はどうか』と建設業、とりわけ地元の中小建設業への影響をどのように把握しているかと質し、『公共事業に対する地方経済の依存状態についても見極めた対応、市民が求める生活に直結した歩道整備や交通安全対策、老朽化した学校校舎の増改築などへの対応を見極めた公共事業政策が必要ではないか』と質問しました。

佐藤商工観光部長は、『16年4月はじめから、本年11月までに倒産、廃業等が22件で離職者が287人となり、うち164人から職業安定所に求職要望があり、うち36人が安定所を通じて再就職を果たした』と答え、公共事業削減の影響の大きさを示しました」

地方分権と言っていながら、「箱物行政」を批判し、地方行政においてこれだけ影響力のある倒産劇を巻き起こすことになる。

このことと同じことが、内閣府の編纂《へんさん》した「地域の経済／2008景気～後退と人口減少への挑戦～」（平成20年12月）にも描かれている。

「老舗《しにせ》建設業者の倒産の背景の一つである公共事業の縮小について、建設事業者数との関係からみてみよう。近年、財政再建のため、国・地方ともに公共事業費を縮小させてきたが、こうした中で、建設業許可業者数も減少傾向にある。そこで、建設業許可業者数がピークであった2000年度から2007年度までの7年間において、公共事業請負金額と建設業許可業者数のそれぞれの減少の程度を比較してみた。この7年間で、公共事業請負金額は日本全国で約8％減少しているのに対して、全国の建設業許可業者数は2％の減少にとどまっており、公共事業費が事業者の減少を大幅に上回るペースで減少していることが分かる」

2008年8月23日の「産経ビジネスアイ」では以下のように指摘されている。

「上期4年ぶり2000件

民間調査機関の東京商工リサーチによると、今年上期（1～6月）の全国の建設業の倒産件数（負債1000万円以上）は前年同期比7・7％増の2120件と3年連続で増加し、上期としては2004年以来4年ぶりに2000件を上回った。7月は前年同月比20・3％増の425件と今年最多。03年7月以降過去5年でも最多となっている。

目立つ地方大手

最近、目立っているのが地方大手の倒産だ。7月は東証1部上場で北陸3県最大手の真柄建設が民事再生法の適用を申請したほか、北海道の北野組も破産手続きに入った。真柄建設の負債総額は348億円で北陸3県の過去10年では最大。北野組も118億円と道内建設業で最大規模だ。8月に入っても、宮崎県最大のゼネコン、志多組が負債278億円で倒産するなど、大型破綻が相次いでいる。建設業界を取り巻く環境は厳しい。国の予算縮小や地方自治体の財政悪化を受けて、公共事業はピーク時から4割以上減った。耐震偽装を防ぐため建築確認を厳しくした改正建築基準法の施行に伴い住宅着工が激減。米国のサブプライム（高金利型）住宅ローン問題の影響で外資系ファンドが不動産投資に慎重になったことから、新規の建設工事受注も落ち込んだ。建設資材の価格高騰でコスト上昇も避けられない。

厳しい資金繰り

採算が悪化する中、資金繰り難が追い打ちをかける。融資が焦げ付く懸念が強まっているため、銀行が融資審査を厳格化。08年3月期の貸出残高は14兆9834億円で前年同期比5849億円減少した。市況の低迷で不動産業の倒産も続発し、工事代金の回収が滞る事例も増えている。建設業の倒産急増で地方経済が冷え込む恐れも大きい。東京商工リサーチ情報部の友田信男統括部長は『建設業は地方の基幹産業で、取引先のすそ野が広い連鎖倒産の増加で、疲弊する地方経済にさらにダメージを与える懸念がある』と指摘する。

建設不振が地方経済の一段の悪化を招けば、日本経済の回復の足取りも弱まるのは必至だ」

政策なき批判の結末が「民主党不況」と「マスコミ不況」

民主党は地方分権を支持しながら、公共事業の削減と箱物行政の否定、そして官僚政治の打破を掲げている。その一端がこのような地方経済の疲弊を招いている。

私は、このような現象を「民主党不況」「マスコミ不況」と名付けている。「無駄を省くこと」は国民に受けがよいかもしれない。しかし、そのことによって倒産件数が増えるというのでは、不良債権が増加するということと失業者の増加を意味するのである。

ただ単に官僚や制度を否定することのツケは、そのまま国民に転嫁される。民主党はそれでも反省がなく「なんでもかんでも官僚が悪い」とのスローガンを掲げているだけである。

そもそも反省や過去からの勉強が少ないのは民主党の特徴だ。官僚批判や箱物行政への批判は、日本人がここまで豊かになった高度経済成長の大きな柱の一つであったし、小沢一郎の師匠とみられている田中角栄の「日本列島改造論」の精神そのものだ。その精神が抜け切っていないことそのものが、小沢一郎の西松建設不正政治献金事件を生み出す根底にあることは国民だれもが承知している。

これだから「スローガンだけではダメ」なのだ。公共事業を減らしたことで地方の疲弊を招きながら、地方に分権しその行政を委譲しても、地方行政の資金が枯渇し、地方の国民の生活が守られず、公共サービスが受けられなくなるということを意味している。それでは、単純に今よりも生活水準が低くなりながら、「ボランティアの制度化と強制化」が国民を襲う。つまり、多くの国民は疲弊した地方自治体を助けるために、自らの労働力と時間、それにともなった収入を犠牲としてボランティアに駆り出される仕組みである。今よりもひどい生活になると思うが、国民はそのような未来を望んでいるのであろうか。

先に挙げた公務員に関するアンケートの通り、「一部に悪い人はいるが、公務員全体の倫理感は高い」というのが国民の認識である。いたずらに現状を否定しないで、その中で無駄なもの、悪いものだけを抽出して排除することを国民は「是」としている。民意を本当に考えていないのは民主党ではないだろうか。

「スローガンだけの危うさ」その原因は何か

では、なぜ民主党はそのような考えに固執して、声高に、スローガンだけを口にするのであろうか。スローガンしか発しないのは、具体的な政策がないからである。しかし、政治家である以上、具体的な政策がないばかりではない。何らかの影響力が働いて、それなりの考え方になるはずだ。

では、なぜそのことを口にしないのであろうか。結局は「本心を言ってしまっては、国民の支持を得ることができない」、または「真実の考え方を示しては、党内のほかの議員と利害が反することによって党内の融和が図れない」という理由によるものに他ならない。

そうでないならば、まずは具体的な政策を示し、その政策の総合的な要旨として「スローガン」が決まるはずだ。その順序が逆になっているということは、何かを隠しているからに他ならない。何かを隠しているというのは、そのまま、政治家の場合、国民をだます意思があるということに他ならないのだ。だます意思がなくても、そのような結果になることを包含している。法律用語でいえば少なくとも「認識ある過失」ということになる。

では、なぜ民主党は、そのような政策を隠して政権奪取を口にするのであろうか。政治家である以上は政権奪取を目指すのは至極当然である。だが民主党が奇異なのは、政権を取ってからのビジョンが示されていないことだ。

党首討論で鳩山代表は、「私ども、当然のことながら、政権交代は目的ではまったくありません。スタートラインだと思っております。そこから新しい日本が生まれる。そのスタートラインに立たなければいけない。そこから何をやるかということを、これから申し上げたい」と言うが、それはスタートした先のゴール（目標）がはっきりしているからスタートできるのである。目標を示すことのないスタートラインは存在しない。目標のないスタートは、日本の迷走と時間の空費を許すだけである。

しかし、それでも民主党の支持者がいる。その正体はいったい何なのか。

次章以降、民主党が目指している政策と、その政策に関する民主党に影響した内容、そしてそこからほころび出る様々な疑惑や事件に関して、細かく分析していこう。

〔第三章〕

小沢一郎西松建設不正政治献金事件と官僚批判

小沢一郎・公設第一秘書逮捕の衝撃

まずは、何といっても、2009年になって追い風ムードであった民主党に激震を与えた事件からみてみよう。小沢一郎選挙担当代表代行（前民主党代表）の公設秘書が逮捕された事件である。まず、事件に直接関わりある概要と、発生から小沢代表辞任までの流れを簡単にみてみよう。

東京地検特捜部は2009年3月3日、民主党の小沢一郎代表（当時）の政治資金管理団体「陸山会」が、西松建設OBが代表を務める政治団体「新政治問題研究会」「未来産業研究会」から受けた献金が「西松建設」からの企業献金だとして、小沢代表の公設秘書で「陸山会」の会計責任者大久保隆規被告ら3人を政治資金規正法違反の疑いで逮捕した。

小沢一郎は、3月4日の記者会見において、「なんらやましいことはしていない」「政治資金に関しては規正法にのっとってオープンにしている問題」「迂回献金といわれるが、その政治資金に関してどっから持ってきたカネだとか、詮索することはない」「嫌疑は近いうち必ず晴れる」として代表辞任はしなかった。代表辞任どころか、その語気は攻撃性を秘め、これだけ世間を騒がせながらも、国民・有権者・支持者に対する謝罪は一切なかった。その態度はマスコミを含む多くに反感を買うことになった。

小沢の会見に輪をかけたのは、周囲の小沢執行部の対応である。鳩山幹事長（当時）は3日夜、小沢代表の進退について「今すぐどうだこうだということはない。国策捜査のような雰囲気がする」と述べた。山岡賢次民主党国会対策委員長も同種の発言をし、小沢を擁護した。彼らからも、謝罪の言葉がなかったのは言うまでもない。

後日、鳩山由紀夫が民主党代表に選任されたとき、「小沢の傀儡《かいらい》である」と批判されるのは、代表選挙時の多数派工作だけでなく、このような小沢執行部としての対応に遠因があると考えられる。

大久保被告の拘留期限は3月24日であった。当然に、それまでに捜査の進展及び小沢の進退が話題になった。毎週行われる世論調査では、週を重ねるごとに小沢民主党の支持率は下がり、統計によっては麻生首相と支持率が逆転するほどになった。小沢は、そうなってもかたくなに世間から身を隠し、事件に関する総括を自分では何も行わなかった。

自民党・公明党だけでなく、社民党・共産党などの野

西松「献金戦略」浮き彫り
小沢氏秘書を起訴
巨額受注「成果かも」

事件を報じる日本経済新聞

党各党からも「説明責任が尽くされていない」という批判を浴びるが、民主党執行部、ことに鳩山由紀夫幹事長は、野党や自民党を批判するばかりか、検察批判を何度も繰り返し、また、「選挙前にこれくらいの事件で逮捕するのは国策捜査である」とした。

民主党は、多数を占める参議院での「樋渡利秋検事総長の証人喚問を検討する」と、西岡武夫参議院会長が記者会見で言明するなど、民主党と検察庁の対決が明確になっていった。

逮捕された大久保隆規公設秘書

「民主党VS.東京地検」という対立構図

3月24日の拘留期限にともない、東京地検特捜部は捜査の進展状況から、24日、大久保隆規被告を政治資金規正法違反で起訴するにいたった。小沢は、同じ24日の続投会見では、「同志、国民の皆さんにご心配とご迷惑をかけたことを心からお詫び申し上げる」と謝罪したが、これはあくまでも「ご心配とご迷惑をおかけしたこと」という点にとどまり、少なくとも公設第一秘書という、小沢代表の身近な人間が政治活動にかかわる内容で事件を発生させたことに関する謝罪はなかった。

それどころか、事件内容に関して、小沢氏なりの解説も説明もない会見であり、民主党の党内でも批判が高まった。また、この会見でも改めて、東京地検に対して「国策捜査の疑いが強い」と批判を繰り返した。小沢だけでなく、小沢執行部はこぞって検察を批判。今回の捜査が国策捜査であると決め付けた発言を行った。

これら民主党の検察批判に対して、東京地検谷川恒太次席検事と佐久間特捜部長は24日の記者会見で事件に関する解説を異例に行い、その中で「収支報告書の虚偽記載は、国民を欺き、政治的判断をゆがめるものにほかならない」と小沢民主党を非難した。

谷川次席検事は、政治資金規正法について「政治資金をめぐる癒着や腐敗の防止のため、政治団体の収支の公開を通じて、『政治とカネ』の問題を国民の不断の監視と批判のもとに置くことを目的とした、議会制民主主義の根幹をなすべき法律」と意義を述べた上で、「重大性、悪質性を考えると、衆院選が秋までにあると考えても放置することはできないと判断した」と今回の事件に関して解説した。その上で「われわれが政治的意図をもって捜査することはありえない」と断言することによって、小沢代表側や民主党幹部の「国策捜査である」という批判を真っ向から否定した。

検察は、あくまでも「証拠に基づいて捜査をしただけ」とし、今後の捜査の進展や与党側の捜査に関しては明かさなかった。のちの話になるが、この時、同じ政治団体にパーティー券購入の記録があるとして話題になった二階経済産業大臣に関しては、嫌疑不十分で不起訴処分となっている。

民主党鳩山幹事長は、これらを受けたのちに「事件に関しては一応のけじめがついた」として小沢代表の続投を支持し、政権交代に向けて支援することを表明したのである。

突然だった小沢一郎の辞任

この事件に関し、国民の理解は得られないまま推移する。そして、連休明けの5月11日、突然に小沢一郎は民主党の代表を辞任するのである。

辞任の会見でも「私は政治資金の問題についても、一点のやましいところもありません。法律に従って、きちんと処理し、報告しております。また、今回は政治的な責任で身を引くわけでもありません」と発言し、辞任の理由は「私が代表の職にとどまることにより、挙党一致の態勢を強固にする上で、少しでも差し障りがあるとするならば、それは決して私の本意ではありません。政権交代という大目標を達成するために、自ら身を引くことで民主党の団結を強め、挙党一致をより強固なものにしたいと判断した次第であります」としている。

なぜ小沢氏が代表にとどまっていたら挙党一致にならないのか。身を引けば民主党が団結できるのか。その辺の理由は全く語られなかった。大方の人が、事件の政治的な決着をつけることを意図したが、本人の口からそのことが話されることは全くなかったのである。

そもそも、1993年に「金竹小（こんちくしょう）」と揶揄されていた自由民主党幹事長が、その本質も変わっていないのに、15年くらい経つと世直しのヒーローのごとく言われて、「政権交代」「改革断行」などと言っているほうがおかしいのである。だが、マスコミがその辺を無視して「小沢政権を作らせたい」などとして持ち上げた結果がこれだ。マスコミの無責任体質には困ったものである。

このような状況になると、マスコミは一斉に小沢一郎攻撃に転じる。政権交代とか、官僚政治の打破とか、改革の旗手とか、わけがわからないことで持ち上げておきながら、何かのきっかけでストンと奈落の底に落とすマスコミの無責任さは度しがたい。「批判精神」のジャーナリズムが「批判される対象」であるということだ。

また、そもそも、小沢一郎の周辺にはこのような疑惑があ

記者会見で自説を展開する小沢一郎

ったこと。「週刊現代」では10週連続で「小沢一郎の金脈を撃つ」として特集を組んでいた。それくらい小沢一郎の疑惑は有名なものであった。それでありながら持ち上げ続けたのはなぜか。マスコミ・ジャーナリズムはその「批判精神」を反省しなければならない。

逆な見方をすれば、小沢一郎及び小沢民主党は、それだけ政権に近づき、ジャーナリズムの「批判精神」にさらされるほど「小沢総理誕生が現実に近づいていた」ということなのではないだろうか。

小沢一郎と西松建設の関係

さて、この事件は非常に「政治家の政治家らしい事件」と言える。たとえば、ゼネコンといえども、よほどの関係がないと献金などはしない。もっといえば、「裏献金」「抜け道献金」など、よほど相手を信用できなければするものではない。一回か二回、国土交通大臣になっても、そのような信用が生まれるものではないし、所管の役所と全く関係がない政治家であっても信用がある場合もある。

日本人は、ついつい肩書きで人物を判断してしまう傾向がある。しかし、人と人との信用は「肩書き」によって生まれるものではない。実際のところは、肩書きとは全く関係ない複合的な要件で相性は決まるものである。

肩書きで人を判断するのであれば、西松建設は小沢一郎ではなく、その時々の国土交通大臣に献金をすればよかったはずだ。それでも、小沢一郎に献金したのはなぜか。

「古い自民党」を体現する政治家としての小沢一郎

西松建設と政治献金は非常に縁が深い。もともと、公共工事に関しては大手ゼネコンが談合を行っていたが、その取り締まりや法規制によって、徐々に大手ゼネコンは、談合なども行わず、同時に政治の世界からも「表の付き合い」しかしなくなっていた。

しかし、「準大手」「中堅」といったゼネコンは、そのような余裕もなく、結局政治との癒着と、政治力の利用による公共事業の落札を目指すしかなかった。西松建設に関しては、その内容が非常に大きく行われていたといえる。

まだ小沢が自民党幹事長であったころ、世の中では「金丸信（故人）」「竹下登（故人）」「小沢一郎」を評して「金竹小」と揶揄していた。故金丸元自民党副総裁への不明朗な献金も西松建設によって行われたものである。その時から、小沢氏は西松建設とずっと付き合っていたことになる。今までの全てが違法献金とはいわないが、今回のような手法による「抜け道献金」

も少なくないことが予想される。

小沢と金丸信との関係は深い。金丸は「竹下派七奉行」の中でも特に小沢一郎に目をかけ、1989年8月、竹下の反対を押し切って47歳の若さで自民党幹事長に就任させるなど、小沢の強力な後ろ盾となった。だが、七奉行の中で最年少の小沢重用は派内のベテラン議員の反発を招くことになり、後の竹下派分裂の引き金となった。自らの政治献金規正法違反である東京佐川急便からの5億円のヤミ献金が発覚（東京佐川急便事件）した時も、党副総裁を辞任、2カ月後には衆議院議員を辞職、竹下派会長も辞任した。裁判での徹底抗戦を主張した小沢一郎に対し、梶山静六は略式起訴での決着を主張した。小沢戦略なら論理は一貫しているが、長期的な体力が必要で、党のイメージダウンも長く続くことになり、梶山戦略は短期で決着がつくようにみえた。

この梶山と小沢の対立が、経世会（竹下派）の分裂、そして小沢一派の自民党離党につながるのである。

金丸は、自分が大事にしていた経世会も分裂させるほどの事件を小沢と梶山に突きつけた。金丸はそれほど小沢をかわいがっていた。一説には、金丸が「オヤジ」と慕う田中角栄の長男・正男（5歳で夭折《ようせつ》）と小沢一郎が同じ年生まれのため、田中角栄が小沢をかわいがっており、金丸がそれを引き継いだ形であるという。

その金丸氏の次男が、昭和40年代後半から西松建設の社長だった杉本三吾氏の娘と結婚している。当時の状況を知る同社関係者は、「金丸氏から西松を託されたのが小沢氏だった」と話す。西松建設の「政界人脈」は、金丸の1992年の議員辞職とともに、小沢氏支援へと傾倒していった。西松元社員は「小沢さんは建設に強く、何でも指導力を発揮するので、小沢さんの力を借りたいという動きはあった」と語る。

よほどの関係でなければ「違法」と知りつつ政治家に献金をするはずはない。そもそも、献金をしても商売上の得がなければ何もならないのだ。

政治献金に関しては、基本的に代表訴訟の事由とはならないとされている。商法は株式会社の存在を「営利を目的とする社団」としている。本来であれば、政治献金もその会社の営利活動につながるものでなければならないとされる。現在は、「政治が安定していることによって、営利活動が正常に行われる」という論理に基づき、社会的な奉仕活動などと同じような論理構造で、献金が代表訴訟事由にならないとされるのである。

不正政治献金を疑われる西松建設

しかし、それにも限度がある。「抜け道献金」などを行うということになれば、それだけ、営利を阻害される可能性が増えるということだ。逆に言えば、無理してまで献金するということは、それだけ、その会社には「直接的に営利につながる利得があった」と解釈されるし、また、そのように考えられても仕方がないであろう。

西松建設の内部調査報告書に記された真実

この「直接的に営利につながること」という点が、民主党の資金の作り方の一つの典型である。後章で紹介する「郵政障害者制度不正利用事件」も「ネットワークビジネス政治連盟事件」も、そのことが疑われた例である。小沢に関しても同じ疑惑が突きつけられている。

疑惑に関して、献金を渡した側の西松建設の内部調査委員会は2009年5月15日、今回の一連の事件（国沢元社長による外為法違反事件から不正政治献金事件までの一連の事件）についての調査報告書を発表した。以下に抜粋する。

「平成6年の政治資金規正法改正（平成7年1月1日施行）により、企業から政治家個人への献金が禁じられたことから、当社は、平成7年8月下旬ころ、政治団体を設立した上、政治団体からの献金を装って政治家個人の政治団体等に献金することを画策した」

「政治団体の代表者には当社との雇用関係を持たない者が就任すること、政治献金の原資は当社の社員が個人からの寄附を装って政治団体に寄附をするものの、その前提として、当該社員に対しては、特別賞与と称して寄附金額を超える金銭を支給することを決定した。要するに、当社がその計算と資金によって政治献金を行うのであるが、名目はあくまでも個々の社員が個人献金として当該団体に対しての寄附をしたかのように装うものであった」

「献金を行う趣旨に関しては、工事の発注を得たいという積極的な動機よりも、受注活動を妨害しないでほしいという消極的な理由もあったと供述する者もいた」

「政治団体がどの議員関係にいくら献金するかは、政治団体ではなく、当社が決定した。政治団体の代表者らは、いずれも、当社内部での意思決定の過程は分からず、当社の部長

西松建設が「内部調査報告書」で明らかにした献金の構図

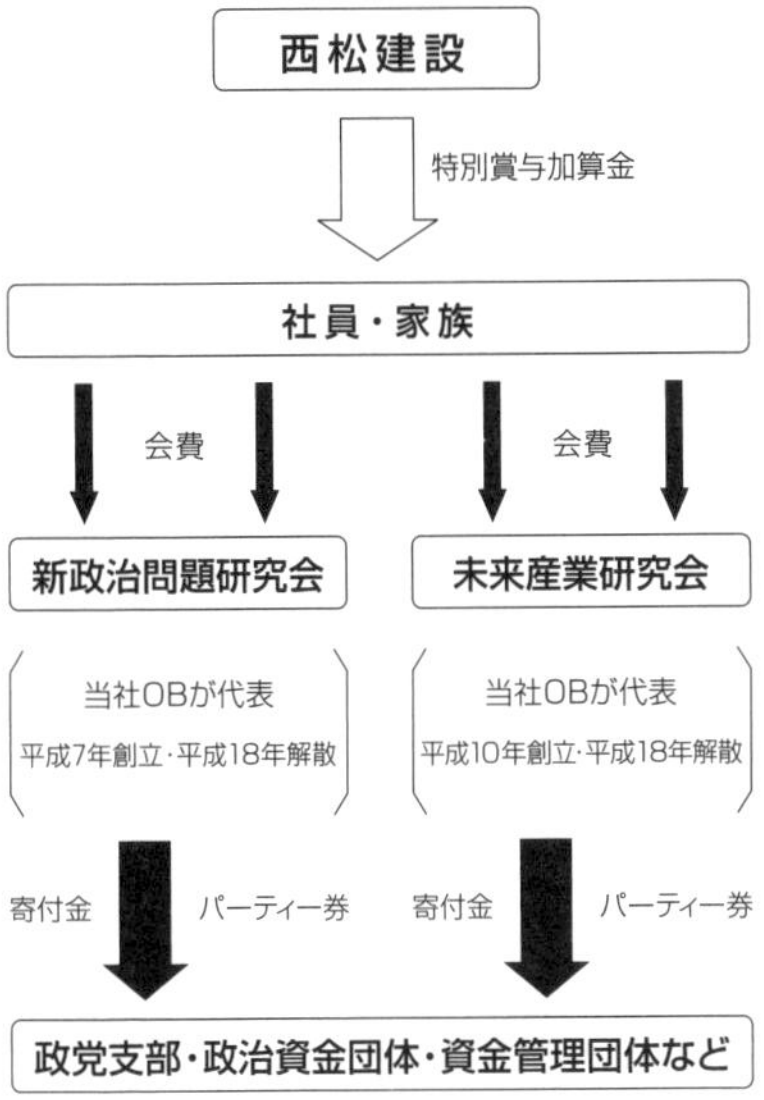

級社員を窓口として、会社の意向として指示されるとおり、独自の判断は一切行わずに献金を継続していた。当社内部の意思決定は、國澤が行っていた模様である。どのような基準によって、相手方及び金額を決定していたかは明らかではない」

「当社が行った、二つの政治団体を設立し、しかも社員に対して、特別賞与加算金を交付して、社員名義での寄附をさせるという行為は、巧妙に仕組まれた脱法行為であって、他に類を見ず、極めて悪質との評価を受けるものと思える。もとより、政治献金を行う自由、権利があることも真理であって、ただその方法を間違ったとの評価もあるかもしれないが、本件は、巧妙に仕組まれた犯行であって、非は全面的に当社にある」

また、西松建設の支出金に関しては、下記の通りである。

「今回の外為法違反による摘発に端を発し、当社の経営全般を検証した結果、多額の特別支出金の存在が明らかとなった。しかも、その使途に関して、極めて不明朗なものが多数発見された」

「『特別支出金』とは、個別の事情により対外的に支払先、支出目的及び個々の金額等を説明することができない支出であって、税務上は使途秘匿金として処理された金銭である」

「前記の政治献金に関しては、当社の全体がその資金作りに協力し、しかも長年にわたって脱法行為を隠蔽《いんぺい》し続けてきたという経緯があり、これが単に一部の取締役の責任であって他の社員には責任がないと断じることには躊躇《ちゅうちょ》を覚えざるを得ない。それに対して、この多額の特別支出金の支出に関しては、その原資となるものについての認識は、全社的に共有されていたとはいえ、個々の支出に関して、その必要性の判断、金額の判断及び継続させるか否かの判断などが、ほぼ社長の独断で決せられており、他の役員及び社員らは、その支出決定さえ知らされていないという実態が明白に存在している。当社において、長期間にわたり多額の資金が特別支出金という形で支出されてきたことについて、まずは『必要悪である』との考えを捨て去ることが肝要である」

西松建設の潔さ、小沢一郎の未練な態度

この内容に関して、元最高裁判事の才口千晴氏を委員長とする西松建設の外部諮問委員会は、同時に発表された所見に下記のように記載している。

「海外裏金問題、政治献金問題、特別支出金問題等の複雑かつ多岐にわたる不祥事について、

調査委員会は、総力を結集して短期かつ精緻に調査を尽くしており、外部諮問委員会は、本件不祥事の基本的な事実関係は、調査報告書記載のとおりであると認めることができるものの、一部に推論にとどまる事実が含まれていることを否定できない。

したがって、内部調査委員会は引き続き不確定事実の解明のための追加調査を実施する必要があるとはいえ、再発防止策を検討する前提としての事実関係の究明としては、本調査は、所期の目的をおおむね果たしているものと思料するものである」

今回の政治献金事件において、これだけ立派な内容で、全59ページにわたる報告書を発表し、同社のホームページ上で公開している。

外為法違反の問題も政治献金の問題も含め、刑事事件で嫌疑をかけられている内容に関して、西松建設はあまり褒められたものではない。しかし、事件を引き起こした企業として、その事件から逃げることなく、問題を真摯に受け止め、その内容を分析し、そしてその内容から導き出される原因の追及と、その結果から導き出される再発防止策をこのような形で発表すること。また、その内容を内部の調査委員会で「お手盛り」に報告するばかりではなく、外部委員会まで作り、内部調査委員会の公正性を検証するというスタンスには好感が持てる。事件を起こし、世間を騒がせた企業として、その反省の意を示すにはもっともよい例になるのではないか。

一方で、「私はやましいところはない」として、当初は謝罪もせず、結局説明も何もしないで、代表だけ辞任した小沢一郎はいかがなものか。物事の反省やけじめをつける方法に関しては、両者に大きな差があると言わざるを得ない。

政治資金規正法違反に対する民主党の認識

この問題に関して、民主党の鳩山由紀夫代表は09年5月27日の党首討論で、「首相、今ですね、大変、聞き捨てならない発言をされました。私どもの側に、何？　政治資金規正法に犯した人がいる？　決まったわけじゃないですよ、これは。これから裁判で決着がつく話ですよ」という発言をしている。このことはテレビの討論番組において、同じ内容を岡田克也幹事長も発言している。

このことは小沢一郎自身の内容にもある。09年3月5日の産経新聞から該当記事を抜粋する。

「(小沢氏は記者会見の中で)『献金が違法ということが明らかになったときに返却するつもりだ』と述べたが、鳩山氏(幹事長)は『早く返した方がいい。小沢代表は(西松側の違法な資金提供の仕組みを)知らなかったと思うが、知った以上、返すべきだ』と強調した」

ということである。

この内容の発言が、いつの間にか「裁判で決着がつくまで決まったわけではない」というニュアンスに変わるのだ。この内容は、そのまま少なくとも本書取材中の6月1日の時点で小沢は返金をしていないという事実につながる。

小沢及び民主党の立場からすれば、返金してしまっては罪を認めることになるという考え方もあるし、もっと切実な問題で「選挙前に大事な資金を手放さない」という意味で、訴訟の決着がつくまで保留するという態度をとるのであろう。しかし、小沢一郎は、鳩山代表の新体制の中で「選挙担当の代表代行」であり、当然に、小沢への献金は、多かれ少なかれ、次回の選挙に使用されることになる。当然に、「違法献金（疑惑）で問題となった資金が選挙に使われ、その資金で当選した議員が国会を闊歩《かっぽ》する」ということになる。不正献金事件で違法、すなわち法律を守らなかった疑惑をもって起訴された献金の影響を受けて、その資金を使って選挙を行い当選した人が、立法府の代議員として法律を審議する立場になるというのは、果たして国民の望む姿なのであろうか。

「企業・団体献金をパーティー券も含めて、3年後には完全に禁止をするというのが一つです。それから、いわゆる、ダミーの政治献金、政治団体からの献金。これは3年後ではなくて、今からすぐにすべて禁止をする」（5月27日の党首討論での鳩山代表の発言）とあるが、実際に、「いわゆる、ダミーの政治献金、政治団体からの献金。これは3年後ではなくて、今からすぐにすべて禁止をする」と言いながら、それを実践できていない。それも、その献金をした西松建設がそうだと認めていながら、「裁判で決着がついていない」と言って自分の公約に平気で違反するのは、国民への背信であろう。

西松事件と官僚政治批判政策の関係

さて、現在のところ、民主党は「官僚政治」を批判し「国民目線」と言っているものの、公共工事の内容や箱物行政に関しては、お得意の非公式発言にとどめている。これこそ、民主党の政治献金づくりと政策の連動であろう。

片方では、非公式な発言で社会不安をあおり、公共工事に後ろ向きにさせながら、自分の影響下にある個別企業にはそのままにさせる。西松建設の報告書を借りれば、「工事の発注を得たいという積極的な動機よりも、受注活動を妨害しないでほしいという消極的な理由もあった」ということである。片方で不安をあおり、妨害をするという意思を示しながら、片方で積極的な受注を得るという内容をさせる。まさに「アメとムチ」で企業を締めつけながら個別企業から献金を搾《しぼ》り取る。「アメとムチ」であるために、業界団体全体という状況ではできない。業界団体全体であれば、妨害しないでほしいという消極的な理由にしかならないのである。業界全体で受注が取れないということにはならない。だれかが必ず施工するからだ。

そして、そのプロセスには官僚は全く介在していない。逆に、ほかの利権構造を持ち込む官僚や、入札をまともに行う官僚を持ってくると、かえって利権誘導がしにくくなる。これを解決するためには、「官僚政治を批判」し、そして『民主党政策ＩＮＤＥＸ２００８』の中では「官僚による独走を防ぐため、与党議員が１００人以上政府に入る」という政策を発表しているのだ。

小沢が代表となってからの「執拗な官僚批判」は、入札制度と利益誘導における与党（民主党）寡占化を示しているということに他ならない。それればかりか、公有地不動産の払い下げなどもすべてコントロール下に置くという状況をつくり、そのことによって「個別企業の利益優先」を実現できる状況に置いたのである。独裁政治と御用商人の関係がここで成立する可能性が高い。

また、その防止策について、または西松建設の政治献金事件についても全く反省がないのは、返金が行われていないことからも明らかである。

民主党関係者に聞くと、「小沢が代表を辞任したことでけじめをつけた」という声が聞かれた。しかし、上記のように、小沢の代表辞任は事件に関する反省の上に行われたものではない。辞任会見上も「やましいところは全くない」と言っているのだ。「挙党一致と政権交代のため」

とは言っているが、その理由も判然としない。事件の説明とともに、代表辞任に至った経緯も説明すべきである。本人が、という意味ではない。民主党が政党の責任で行うべきだ。

なぜ民主党は反省しないのか

この文章に、またはこのような趣旨の主張に反論を行う前に、民主党は、または小沢一郎はしっかりとした説明と、それに合わせた行動、具体的には返金と選挙資金の透明性の確保を、そして小沢が選挙担当の代表代行としてどのような収支でどのような活動を行っているのかを明らかにすべきであろう。そうでなければ、政策なき批判が自らの利益誘導のための酷評をあびても反論はできないであろう。同時に国民の理解は得られても、長続きはしない。結局は「反省の上に成り立った政権ではない」ということになる。

この事件は、単に小沢の政治団体の政治献金の問題ではなく、そこから、反省のない民主党ということと、官僚批判の本音の一端が垣間見ることのできる重大な事件であるといえる。

また、民主党は、鳩山代表も岡田幹事長も「裁判で決着がつくまで決まったわけではない」として、その状況を肯定する内容になっている。まさに政治献金と政策が密接にリンクし、同時に、それを政府の責任に転嫁している顕著な例ではないだろうか。

同時に、公約をしながらそれを実現できない民主党の姿も浮き彫りにしたものである。「企業献金の禁止」「ダミー団体からの献金はすぐにでも禁止」と言う以上、それを率先して実践すべきではないだろうか。

［第四章］

郵便制度悪用事件と元議員秘書という存在

事件の経緯と国会質問

２００９年2月26日、大阪府の広告代理店業「新生企業」の代表取締役が、障害者郵便制度である「低料第三種郵便」を装って企業の広告を配送し不当に利益を受けていた疑いがあるとして、郵便事業法違反で逮捕された。低料第三種郵便物とは、郵便法に基づき、郵便事業会社の承認を受ければ定期刊行物などを低料金で送付できる制度のことをいう。通常の郵便が１２０円なのに対して、低料第三種郵便物は一通8円で送付することができる。この制度を悪用して、広告宣伝を行ったという嫌疑である。

この捜査を進める過程において4月15日に、広告を依頼した大手家電量販店ベスト電器の関係者、博報堂の子会社の関係者ならびに、障害者団体「白山会」の関係者ら10名（新生企業の再逮捕者を含む）が逮捕された問題である。

この事件に関連して、民主党の牧義夫議員と石井一議員の関与が取りざたされている。牧議員に関しては、「牧議員は『白山会』のライバル団体を批判する質問を国会でしていた」と報道されている。その内容は、第１６９回国会衆議院経済産業委員会第16号（平成20年5月23日）である。

この中で、牧議員は、牧議員自身が参加していた「流通ビジネス推進議員連盟」（当時）の内容で特商法と通信販売に関する質問をしたのちに、「新聞や雑誌の広告の内容が一般的な広告と通販の場合とあると思うんです。この場合、例えば広告の内容が通販だった場合でも、別にこれは新聞の広告だということで通販紙というような言い方はしないと思うんですけれども、例えば記事と広告のスペースの割合で何らかのカテゴリー化がされているのか、されていないのかということをちょっとお聞かせください」と郵便制度に関する質問をし、その上で、次のようなやり取りとなる（不要と思われる部分は略す）。

牧委員　障害者団体等の一部8円なんというただみたいな値段で送っているものについて、本当にその団体がきちっとした活動の一環として機関紙なり広報なりするための新聞媒体なのかどうなのか、そこら辺もきちっと調べてもらいたいと思うんですね。これは三通サンプルがございます。（中略）差出人は、三つともそれぞれ違うんですけれども、社会福祉支援団体となっております。あくまでも建前

国会質問をした牧義夫衆院議員

は、障害者の皆さんを支援する、そのための機関紙を郵送するという建前になっております。（中略）この広告の中身は、私もちょっと恥ずかしくて申し上げにくいような中身になっております。（中略）

社会福祉の名をかりてこういう商売も横行しているのかなと思うんですけれども、厚労省はこの実態について御存じですか。

中村政府参考人（厚生労働省社会・援護局障害保健福祉部長）（前略）御質問のありました障害者の団体が行っている御指摘のありましたような実態につきましては、厚生労働省としては把握しておりません。

牧委員（前略）こういった印刷媒体に、うちの名前を使えば安く送れるよということで社会福祉団体が名義貸しをして、それに乗っかって業者がこういったダイレクトメールを発送するというのが実態であります。（中略）きちっとしたものの内訳はわかりませんけれども、これはちゃんと調査してくださいよ。郵政が民営化されて、一体何をやっているんだという話ですよ。（中略）結局、悪徳商法の温床になっているということを、時間がないのでこれ以上言いませんけれども、きょうは指摘をさせていただいて、それは総務省も含めてきちっと検討してください。

明らかになった容疑者と国会議員の関係

このように、郵便制度は郵政または総務省の管轄であるし、あえて参考人の所属を先に記載したが、障害者制度は厚生労働省の所管である。この質疑が行われたのは「経済産業委員会」であって、管轄の異なる話をしている。牧議員は特商法の質疑を行い、その質疑の中で通信販売という郵便制度を利用する内容と関連付けながら、低料第三種郵便に関する質問をしていたのである。

また、その質問の中で、今回の事件の核心である「こういった印刷媒体に、うちの名前を使えば安く送れるよということで社会福祉団体が名義貸しをして、それに乗っかって業者がこういったダイレクトメールを発送するというのが実態であります」として、事件の概要そのものを発言しているのだ。

一方で、牧議員は、この事件の主役となった白山会の会長守田義國被告の経営している会社から政治献金を受けているという状況であり、この事件において、依頼を受けて質問を行ったという疑いがもたれている。その後、新聞報道で「障害者団体向けの割引郵便制度を悪用した郵便法違反事件で、違法ダイレクトメール（DM）を発送した障害者団体『白山会』（東京都文京区）会長、守田義國容疑者（69）＝同法違反容疑で逮捕＝が大阪地検特捜部の調べに対し、ライバル団体の動きを抑えるよう民主党の牧義夫衆院議員（51）＝愛知４区＝に依頼したと供述していることが１日、関係者の話でわかった」（産経新聞５月１日記事より）とあり、牧議員はその関与の疑いが一層濃くなってきている。

一方、大阪地検の捜査は、そもそもの障害者団体「白山会」が、元は埼玉県で「凛《りん》の会」として存在していたこと、そして、その障害者団体が実際にはほとんど活動していないペーパーカンパニーであり、そこに厚生労働省が障害者団体としての証明書を交付した手続きに問題があったとして捜査を行い、その証明書が偽造であったことが判明した。大阪地検特捜部は、厚生労働省を５月27日に家宅捜索すると同時に、同省係長を虚偽公文書作成容疑などで逮捕した。

この証明書の偽造において厚生労働省の局長は、厚生労働省内で、「凛の会」の件に関しては、「議員案件」として処理し引き継がれていたと供述している。「凛の会」は２００４年５月ごろにその証明書を入手しているが、新聞報道によると、各紙とも、２００４年２月ごろに議員から電話による依頼または陳情があって、「議員案件」になったとされている。同様の供述

ベスト電器経営陣による謝罪会見

は、逮捕者である「凛の会」の元メンバーからも取れているということで、国会議員の関与が非常に強いとされている（2009年6月1日現在）。

「凛の会」の会長で「白山会」の主要メンバーであった倉沢邦夫被告は、元民主党副代表の石井一参議院議員の秘書であり、近年も「民主党副代表　参議院議員　石井一事務所　倉沢邦夫」と記載された名刺を使用していた。

著者である私自身がその名刺を所持しているので間違いがない。その名刺は2008年1月に本人から直接手渡されたものである。

倉沢は、石井一議員が2007年の参議院選挙戦を戦った時に熱心に協力しており、またそれ以前からも石井議員との親密さを語っている。なお、議員側はこの疑惑に関して一切を否定している（6月1日現在）。

障害者郵便制度悪用事件は、ベスト電器だけにとどまらず、キューサイや元気堂本舗などの健康食品通信販売業者から、通販大手のベルーナ、小売業のイオンの子会社でスポーツ用品販売「メガスポーツ」（東京都中央区）も、都内の印刷会社を通じ同制度を利用したダイレクトメールを、白山会を利用して、2008年3月に約1万4000通発送していたと公表した。

徐々に、この制度の悪用ぶりが表に出てきている状況にある。

ブローカーに名前を使われやすい野党議員の事情

この事件も、西松建設の政治献金不正事件と同じように捜査中である。本書執筆時点（2009年6月1日）で捜査は継続中で、今後どのように推移するか分からない状況である。その中から、私が話を聞いた中で、さまざまな内容をみていかなければならない。

私が社会活動をしていると、「選挙資金を作るために」という触れ込みで、さまざまなブローカーが暗躍する場面に出くわす。たまたまかもしれないが、民主党と国民新党の代議士の名前が使われることが非常に多い。自民党の代議士の名前が少ないのには意外性すら感じる。不動産の売買や企業への融資などその内容は様々であるし、国有地払い下げの入札をするので資金を貸してほしいなどという話も平気で横行している。自民党代議士や官僚関係者、または大臣経験者などの名前を使えば信憑性もあるのに、不自然さを感じることが多い。

私が取材の中で「なぜ、自民党ではないのですか?」と聞くと、多くの場合、「民主党（国民新党）は金がないから選挙資金をこういった形で稼がなければならないのだ」と言う人が少なくないのである。納得できるような、不自然なような話ではないか。

それでも、結構多くの人が出入りしているようである。そして、そのような時に必ず登場するのが「私設秘書」、または代議士事務所の名前で肩書きのない名刺である。その代議士の血縁者や親戚、傑作なのは腹違いの兄弟なども出てくる。実際に本当の代議士と結んでいる人はどれくらいいるのか不明であり、そのほとんどが、ブローカーが勝手に名前を使ったものが少なくないのであろう。

しかし、このような話でブローカーが仕事をできるということは、一つには「私設秘書」というものがかなり横行している、または横行しているように一般にはみられているということが挙げられる。それと同時に、民間の間には、「選挙に金がかかる」ということと、「その選挙資金が民主党および国民新党は足りない」というイメージが、一般社会に「常識」として認識されていることを示すのではないだろうか。ちなみに、それらブローカーに騙されたふりをしてある程度付き合っていても、ビジネスが成功したためしはない。

しかし、それらの「私設秘書」に関する認識が非常に広く広まっているのは、今回の事件のようにごくたまに、

低料第三種郵便を悪用したDM発送の構図

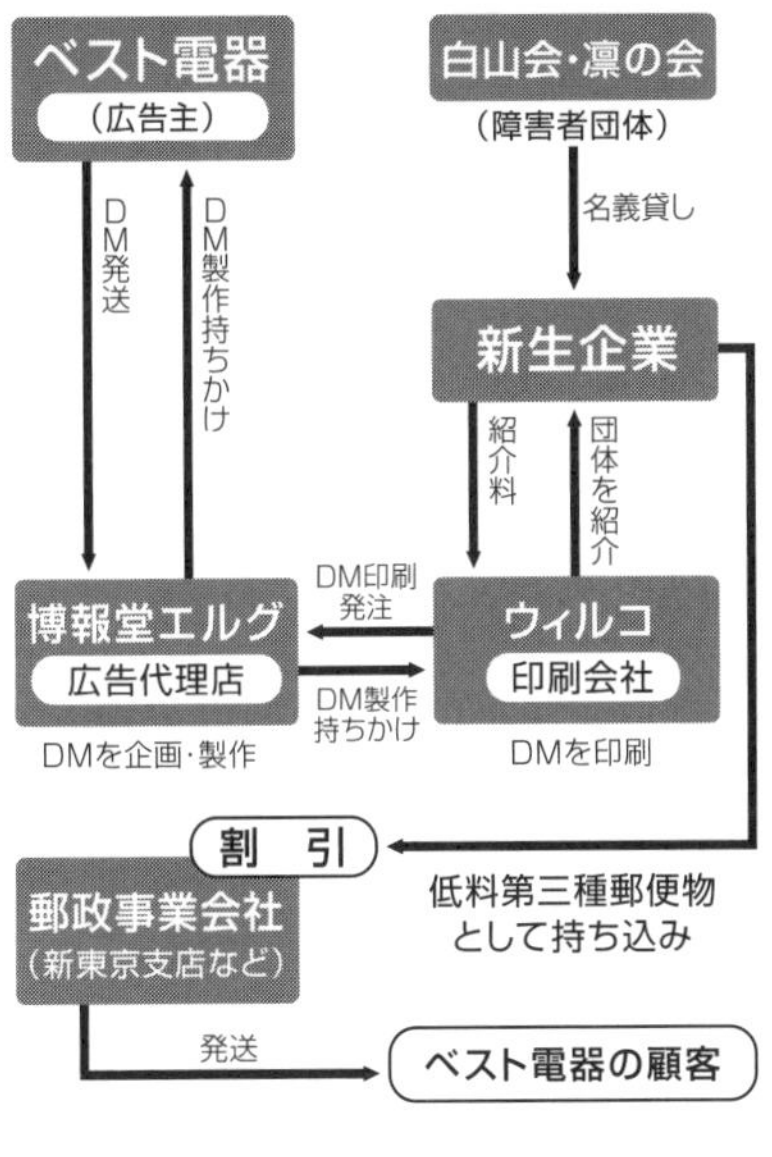

代議士事務所の名刺を使用し、また、その代議士本人からの電話があり、また、厚生労働省も「代議士案件」として認識し、そして、国会質問がされるのであるから、一般の人々がそのような認識してもおかしくはない。「普通ではあり得ない」話がそのまま行われていることに、今回の事件の奇異な部分が挙げられるのではないだろうか。

郵便制度悪用事件に潜む「二つの性質」

この障害者団体向け郵便制度悪用事件は、二つの側面から成っている。

一つは、各企業や広告代理店が障害者団体を利用して郵政事業の低料第三種指定制度という特別な割引制度を利用して、広告宣伝を行い、不正な利益を上げたという側面。そこに、牧義夫議員の国会質問がいかに関与しているのかということを、その国会質問の結果からみて何らかの判断を行わなければならないということだ。これが「郵政事業法違反容疑」の話になる。

一方で、障害者団体「白山会」及び、その前身団体の「凛の会」の許可が不正に取られたということ。要するに、障害者団体としてオフィシャルに認められていなければ、低料第三種郵便の割引制度が得られなかったのであるから、その団体としての認可がどのような手続きによって行われていたのかということだ。

報道によれば、「白山会」は実態のないペーパーカンパニーである。活動実態のある団体が悪用されたのと、今回のように、不正に郵便制度を行うことを目的に設立され認めさせた場合とでは悪質さが異なる。そして、そのプロセスにおける国会議員の関与ということだ。こちらが、厚生労働省に家宅捜索に入った「虚偽公文書作成容疑」の話である。

この二つの側面から、民主党の代議士がどのようなことを政策として掲げ、それがどのように主張されているのかを検証すべきである。

郵便事業法違反と「第三種郵便」

それではまず、「郵政事業法違反容疑」に関して検証してみよう。

まず、第三種郵便とはどのような制度であろうか。郵便法第22条には「(第三種郵便物)第三種郵便物の承認のあることを表す文字を掲げた定期刊行物を内容とする郵便物で開封とし、郵便約款《やっかん》の定めるところにより差し出されるものは、第三種郵便物とする」とある。その中で「身体障害者団体等が発行する定期刊行物」に対して郵便法に基づき、郵便事業会社の承認を受ければ定期刊行物などを低料金で送付できる制度。(1)毎月3回以上の定期発行、(2)1回の発行部数が500部以上、(3)広告の割合が5割以下。心身障害者用はそれに加えて、心身障害者団体の証明資料の提出が必要で、50グラム以下は通常1通120円を8円で送ることができる。第三種郵便の承諾の条件は「有料読者が8割以上」が許可条件である。

身障者に特例が設けられているのは、心身障害者保護の観点から経済的な負担を軽減する意図で特別に考慮された「弱者保護」の政治的配慮である。郵便事業は2007年に民営化されたが、その際、「第三種郵便物」の扱いが大問題となった。

この「第三種郵便」というのは戦後つくられた憲法の民主的、進歩的性格の側面を反映したもので、力も財力も弱い市民団体や労働組合の言論の自由を守り発展させるため、機関紙発送で大幅な割引をみとめる制度だ。

だが民営化以前から、郵政当局によって何度も「第三種郵便制度」撤廃の動きは強まってきた。しかし、そのつど市民団体や労組、障害者団体が反対運動をして、撤廃を思いとどまらせてきた経緯がある。現在、第三種郵便の許可は非常に取りづらく、また、その維持もかなり大変である。

今回の事件の主役たちは、この「弱者保護の制度」を悪用し、自らの利益に結びつけたものである。その金額も非常に莫大で、マスコミの取材では最大で数百億円にも上るといわれているのである。

この事件において、この郵便法に違反しているということは間違いがない。上記のように第三種郵便は、当然に発行主体が認可を受けて行っている事業だ。その発行団体に実体があるなしにかかわらず、別な会社の広告宣伝を「その広告宣伝の主体の名前で」送付することは許されない違反である。

また、これらの制度は一般にはあまりなじみがないが、郵政民営化などで騒がれた時に国会議員はみな勉強をした内容である。特に民営化前から第三種郵便制度は廃止をするかしないかで議論されていたのであるから、当然にそのことに関しての知識はあったと考えられ、弱者保護制度を平気で悪用する犯罪であるといえる。

その経済的な内容よりも、そのような弱者保護政策を犯罪に悪用したということと、それに基づき心身障害者制度が見直されるという事態に発展する契機になるということが、そのまま、まじめにやっている心身障害者団体の手間を増やしてしまい、結局弱者保護制度が、その不正をさせないということから管理のための手続きの煩雑さで弱者が取り残される結果になるのである。

郵便事業法違反と牧義夫議員の関与の疑惑

ここまでは、国会議員とは関係のない、通常の犯罪である。しかし、問題はそれだけではない。この問題は牧義夫議員の国会質問の妥当性という意味で疑惑がもたれているのである。

牧義夫議員は愛知県名古屋市出身で、鳩山邦夫議員の秘書などを経て、2000年6月の衆議院議員総選挙で、愛知4区の小選挙区勝利で初当選を果たした。現在3期目の衆議院議員である。民主党では保守派として知られ、憲法改正論者であり、「慰安婦問題と南京事件の真実を検証する会」に所属、また、党内の外国人参政権反対派の集会に参加するなど、幅広く支持を集めている政治家である。「民主党娯楽産業健全育成研究会」「パチンコ・チェーンストア協会政治分野アドバイザー」「国土幹線ガスパイプライン建設推進議員連盟」「統合医療を普及・促進する議員の会」「永住外国人の地方参政権を慎重に考える勉強会」、および2008年5月までは、「流通ビジネス推進議員連盟」にも名前を連ねていた。

今回の事件では、上記に挙げた衆議院経済産業委員会での質問が、白山会から依頼されたものであるという疑惑と、「週刊新潮」(2009年4月30日号)の報道によると、障害者団体向け割引の適用を郵便局が断ったら、牧議員の秘書の福井氏が日本郵便に適用を要求した、ということに疑惑がもたれている。

もともと「白山会」は、すでに解散している「凛の会」という障害者団体で、埼玉で活動をしていた。一度は第三種郵便の資格を失ったとして、認可を取り消されている。しかし、その後、守田義國容疑者が入ることによって、「白山会」と組織を変更して活動を再開する。しかし、一回は、郵政事業会社のさいたま新都心支店では、白山会の障害者団体としての低料第三種郵便の取り扱いを断っている経緯がある。その後「白山会」は東京都文京区に本部を移し、新東京支店で低料第三種郵便の認可を得るのだ。

「白山会」はさいたま新都心支店で断られ、その後、新東京支店で受け付けができるようになったが、その間に、牧義夫の秘書が白山会幹部と一緒に郵政事業会社に事情を聴きに行っているのだ。これに対して、牧議員の事務所は「郵政事業に関する事業内容を聞きに行っただけで、特定の便宜を図るものではなかった」としている。だが、「週刊新潮」（2009年6月11日号）では、「鳩山新体制を直撃!! 大阪地検『郵便不正捜査』の舞台に登場した民主党『牧義夫』ネクスト文部科学副大臣」として、国会質問において、その質問を行ったことで金銭授受があったとの疑惑が報道されている。

報道される牧義夫議員と白山会幹部の親密な関係

牧議員と守田容疑者の間柄に関しては、様々な噂が流れている。

牧が行っていた飲食店のコンサルタント会社を引き継いだのが守田容疑者であるとか、二人で店を経営していたとか、水道のメーターの会社を斡旋《あっせん》していたなどの噂が絶えない。いずれも守田容疑者の経歴にあることであるが、それらに関して牧議員の関与がいかばかりであったかは、今回の事件同様、噂の範囲を出ない。

しかし、この事件において、その関係が確立されていたということがあるからこそ、守田被告が依頼すれば、牧議員も国会質問を行うのではないかという疑惑が生まれるのである。同時に、その国会質問の結果、「白山会」及び「新生企業」の対抗会社である、尼崎の同種の会社（国会質問でサンプルで上げられた会社）はその事業を行っていない状況からみても、また、牧議員が国会に白山会の関与した広告宣伝を持ち出さなかったことも、すべて疑惑の目で見られる要因となったのである。「週刊新潮」の報道では、

「冒頭で、女性検事から取り調べを受けた男性は、倉沢が石井氏の秘書待代からの知人だった。『その女性検事からは、国会質問の見返りに白山会サイドから200万円のカネが牧氏に渡っていることを知らないかと、しきりに訊ねられました。以前、白山会の関係者から、白山会グループがライバル団体に仕事の邪魔をされ、それを押さえ込むために、牧氏に国会質問を守田が依頼したと問いたことはあった。確かに、200万円の謝礼金の話も耳にしていたが、実際に、カネの受け渡しを見たわけではないから、女性検事には「私は知らないよ」と答えた。ただ、おカネを貰った方は口が裂けても言わないから、渡した方から攻めたらい

いよ、とは教えてやりましたよ』

疑惑に対して、牧氏は、

『大阪地検が捜査を続行している案件であり、今はコメントを差し控えさせていただきます』（事務所）

ある捜査関係者によれば、『5月の国会質問の直後、牧氏が東京・赤坂の飲食店で、民主党議員ら4人ほどの仲間を集めて、ご馳走をしたという情報があった。それがきっかけになり、何らかの臨時収入があったのではないかと疑いの目が向けられました。実際、この時期、守田が200万円のカネを銀行口座から引き出し、現金化したところまでは確認されている。しかし、牧氏に渡したとは供述していません。本当のところはどうなのか、詰めの捜査の段階です』

この舞台、果たして、その幕引きはどうなるか」

このような報道に関して、牧義夫と民主党はどのように答えるつもりであろうか。真相は捜査当局によって明らかになるであろうし、また、選挙というプロセスで道義的な責任が見えてくるのではないだろうか。

虚偽公文書作成と厚生労働省の「議員案件」

一方、「虚偽公文書作成容疑」についてである。

5月25日に、大阪地検特捜部は、倉沢邦夫容疑者の供述をもとに、厚生労働省へ家宅捜索に入った。これは、「白山会」の前身である「凛の会」に対して、２００4年5月ごろ、障害者団体であるという証明書を厚生労働省が発行したが、その発行の手続きがしっかりしておらず、書面そのものが偽物であったという容疑である。同日逮捕された厚生労働省の上村勉容疑者も、その内容を認めていると伝えられており、その書面を発行するにあたって必要な稟議書なども、すべて自分で作成したと自供している。しかし、その後に上村容疑者の上司を事情聴取をしたところ、「凛の会」に関する内容は、「議員案件」とされており、省内でも特別扱いをされていたという。また、倉沢容疑者が以前に石井一参院議員（当時は衆院議員）の秘書であったということだけでなく、２００4年2月ごろに、その関係の代議士から電話で直接陳情があったと供述している。

ここで登場するのが、民主党副代表の石井一参院議員である。石井議員は１９６9年の衆議院議員総選挙に立候補し、初当選。１９７5年12月の三木改造内閣で労働政務次官、１９７6年の福田赳夫内閣で運輸政務次官に就任。１９９3年、宮沢内閣不信任案が提出されると、羽田派の一員として内閣不信任に同調し、「自民党」を離党、「新生党」に参加する。細川内閣が成立すると、石井は衆議院政治改革特別委員長に就任した。その後も小沢一郎と政治家としての行動を共にし、現在民主党の副代表に就任している。このほかにも以前には「民主党娯楽産業健全育成研究会」初代会長であり、現・名誉会長。また、「パチンコ・チェーンストア協会政治アドバイザー」である。また、北朝鮮との対話友好を目指す議員連盟「朝鮮半島問題研究会」の立ち上げに参加し、顧問として所属。そのほか、「流通ビジネス推進議員連盟」の代表も2005年に議員落選するまでの期間務めていた。

石井一議員と白山会会長の親密な関係

倉沢邦夫容疑者は「凛の会」の会長であり、「白山会」の幹部であった。倉沢容疑者は故川島正次郎自民党副総裁の秘書を経て、民主党の副代表石井一氏の弟・一二元参院議員の公設秘書を務め、その後、東京都港区の「蒼樹社」という出版社を経営。「蒼樹社」の会社整理後、福祉郵便ビジネスである「凛の会」を立ち上げたのは2004年5月。石井一二元参院議員の公設秘書時代には、同議員の投資会社の役員を務めていた。倉沢容疑者は普段から石井一議員との親密さを語っており、また、その指示に忠実に従っていた姿は、永田町でも有名であった。

私自身、倉沢容疑者が「蒼樹社」の社長であったころから、石井一議員と倉沢容疑者の親密さを表すエピソードを本人から直接聞いている。私が倉沢容疑者と最後に会ったのは、2008年夏ごろ、国会の近くにある石井一議員の個人事務所のある建物から、倉沢容疑者が出てきたところであった。そのような場所で会っても、何の違和感もなかったことが思い起こされる。上記の「石井一事務所」の倉沢容疑者の名刺も本人から手渡されたものである。また、共通の知人も多く、この件に関しての話はこと欠かない。

今回の「虚偽公文書作成容疑」について、厚生労働省が「議員案件」としたとしても、犯罪を構成する、しないは別にして、倉沢容疑者の活動に石井議員が何らかの関係、または、関係とまでは言わないまでも、影響があったことは否めないし、また、厚生労働省側がそのように感じることは、普段の倉沢容疑者を知る者とすれば、なんら不思議ではない。

倉沢容疑者をよく知る人は、彼は上の指示なく勝手に犯罪を行うような人物ではないと言う。「上」とは石井一以外にも何人かの名前が挙がるが、いずれにせよ、犯罪を主犯として行うよ

倉沢容疑者と関係のあった石井一参院議員

うなタイプではない。倉沢が「何を考えているのかよくわからない」と言われるが、彼自身の良心と「上からの指示」の板挟みとなった結果であった。その結果で悩む倉沢容疑者の姿が、親しい関係者に目撃されている。

この事件に関して、「毎日新聞」（２００９年６月２日）の記事をそのまま掲載すると、「民主党の石井一副代表は２日、障害者団体向け割引制度を悪用した郵政不正事件で障害者団体『凜の会』（現在は解散）代表、倉沢邦夫容疑者が石井氏の名を借りて厚生労働省に圧力をかけたとされる問題について、同党の副代表会議で『全く関知していない』と関与を否定した。平野博文役員室長によると、石井氏は『倉沢氏は私設秘書だったが、その時どうやっていたかは知らない。私自身が厚労省に行ったとか、国会質問のやりとりをしたとか、全くあり得ない』と述べたという」とある。

この記事でわかる通り、石井一議員も記者や国民の前に立って、しっかりと疑惑に答えてはいないのだ。

二つの要素からなる事件の接点

この二つの事件が一つになっている点にも注目が集まる。

まずそれまでの経歴で、守田容疑者と倉沢容疑者の接点はない。この二人を結ぶ接点は、国会議員といわれる牧義夫議員と石井一議員しかないのである。

その観点で見てみると、パチンコ・チェーンストア協会、流通ビジネス推進議員連盟などで、両議員は名前を重ねているのである。

牧議員が、郵政事業の件で国会質問を行った時も、特商法と通信販売に関する質問をしたのちに、郵政事業ことに第三種郵便のことを言っている。うまく、「流通ネットワークビジネス」と「郵政事業・第三種郵便制度」を結びつけている。しかし、よく考えれば、通販などはその時点で、自己の広告及びカタログを使用し、そして売買契約された物品を送付しているのであるから、郵政事業、ことに第三種郵便事業とは直接の関係はないのだ。しかも、身障者低料第三種郵便制度と通信販売を一緒にするというのは、改めて議事録を読むと非常に奇異に感じる。

一方、石井議員と牧議員の関係は、「流通ビジネス推進議員連盟」で密接に結び付いていた。その議員連盟には倉沢容疑者も頻繁に顔を出していたし、また、郵政事業会社に白山会とともに出向いていった福井秘書も、その会合に何度か足を運んでいる。また、2005年に石井一議員が落選した時に、石井一議員の公設秘書であった人物は、その後牧義夫議員の秘書になっており、現在（2009年6月1日現在）もその地位に就いているのである。このように、2003年に流通ビジネス推進議員連盟を通して、石井・牧両議員の秘書同士にも交流が深まっていることがわかる。

上記のように両議員ともその関与を否定するが、たとえば、石井議員の場合、倉沢容疑者の勧誘に従い２００３年秋に流通ビジネス推進議員連盟を発足させ、その後この議員連盟の活動を通して、頻繁に交流があった。また、石井議員本人だけでなく、現在、牧義夫議員の秘書をしている人物とも、その時に交流がある。その状況で２００４年2月に、倉沢容疑者が厚生労働省に「凛の会」の件で出向いた時も、その交流が続いており、また、交流している人物が行っていることに関して「全く関知していない」というのは、逆に不自然である。

この件に関しては警察・検察の捜査が今後も進むことになるが、同時に、犯罪を構成しないまでも国民に疑惑を残したことは否めない事実である。また、私設秘書という、オフィシャルな報酬を出していない関係者が、議員の名前を使って、事業をしやすくするということを、少なくとも黙認しているということに関して、それが犯罪行為になるかならないかなどの監視が甘かったということには、最低でも道義的責任があるのではないだろうか。そして、そこに国民の疑惑の目が向けられるのである。

国会法１２４条の2には、「議員は各議員の議決により定める政治倫理綱領及びこれにのっとり各議員の議決により定める行為規範を順守しなければならない」とあり、その「政治倫理綱領」（昭和60年6月25日議決）には「われわれは、国民の信頼に値するより高い倫理的義務に徹し、政治不信を招く公私混淆《こんこう》を断ち、清廉を持し、かりそめにも国民の非難を受けないよう政治腐敗の根絶と政治倫理の向上に努めなければならない」とある。また同3には、「われわれは、全国民の代表として、全体の利益の実現をめざして行動することを本旨とし、特定の利益の実現を求めて公共の利益をそこなうことがないよう努めなければならない」とされている。

小沢前代表の西松建設の不正政治献金疑惑に関しても同じであるが、この「政治倫理綱領」との兼ね合いをしっかりと踏まえて、国民に説明すべきだ。しかし、現時点で、牧議員も、石井議員も、国民の前に出ての説明責任を果たしていないのである。

郵政事業に関する民主党の政策と野党共闘

さて、民主党は2007年8月9日、社民党、国民新党の2党と合同して、参議院に郵政民営化凍結法案を提出した。この法案は、郵政民営化の実施期日である「10月1日」を「別に定める」に改正し、郵政民営化自体を1年間凍結させるものであった。しかし、反対多数で否決されている。その後も数度、郵政民営化を凍結する法案を出している。

民主党の関係者（議員であってもなくても）に、この制度を利用する者がある場合は、制度の存続は非常に重要な経費節減の手段になる。もしも、この件で利益を上げている場合は、当然に三種郵便制度の維持ということが必要である。

そもそも、第三種郵便制度は「言論の自由」を守るために、何度も見直しが言われてきていたが、現在も残されている。心身障害者に関しては、その第三種郵便制度でも特に有利な取り扱いができるように政府が配慮しているのも、身障者といえども、言論の自由は憲法上の基本的人権として認められているという意識からである。

第三種郵便の維持は必要である、そのためには、官ではなく、民でその事業をしてもらったほうが好都合だ。第三種郵便の郵便料金の監査など会計検査院にさまざま詮索されずによいし、マスコミも、官僚よりも民間企業が行ったほうが逆風が吹きにくい。それどころか、そもそもの民間の輸送事業会社においてもそのような制度が認可されれば、全体として非常に有利になるはずである。

一方で、民主党は、政局論として、国民新党と連携をしなければならない状況にある。民主党が政権を取るためには、「反自民」「反自公勢力」を結集しなければならない。国民新党は、すでにご承知の通り、2005年の「郵政選挙」といわれる総選挙で、郵政民営化に反対した自民党議員の集合体である。その主張を容れて、反自民連合を作り上げるためには、民主党は郵政民営化に反対するポーズを見せなければならない。

そこで民主党は、郵政民営化に関して、後期高齢者医療のような「廃止法案」を一回も出しておらず、すべて「凍結」「見直し」でしか議論をしていないのだ。この違いに関して、政策的に説明がされていないのである。

なぜ、後期高齢者医療制度は「廃止」で、郵政民営化は「見直し」なのであろうか。それは、一つには郵政民営化そのものへの反対が政局論に傾いているということと同時に、郵政事業が民営化したことによるメリットを受けていた可能性も否定できないのではないだろうか。

事件を受けて考える障害者政策と民主党

また、民主党はその政策の中に「障害者自立支援法の見直し利用者負担の額を障害者の負担能力に応じたものとするべき。また、障害者の定義について、何らかの障害により自立及び社会参加のために支援を必要とする者を広く含むものとするべき」としている。

身障者の制度に関しても、今回の事件を教訓にすれば、その内容を不正に利用していたのは、民主党元秘書たちである。私設であれ公設であれ、代議士の名を犯罪の汚名にさらすような行為を了解なく秘書がするであろうか。私設ならば肩書きを取られたら何も残らないのであるからなおさらだ。真実は、時間と捜査の進展で明らかにされるだろう。

何らかの障害により自立及び社会参加のために支援を必要とする者を広く含むという公約は、そのまま、今回のような第三種郵便費用のような支援も含むということになるのではないだろうか。

本来は、障害者の定義についてなども、給付にばらつきが出ないようにするため、対象者を明確にすることが必要であり、定義をしっかりと行った上で、その基準を設けて配分を行うべきである。

それに対して、定義を曖昧《あいまい》にしてスローガン的に利用範囲を広げるというのは、今回のような犯罪行為を助長することになり、これら弱者支援制度を健常者と政治に近い人物が「食い物」にする可能性が増えるということを示す。それればかりか、その「利用範囲を広げる」とは、「食い物にする部分を増やす」ということであるから、弱者に近いことを言いながら、それら犯罪の助長を促すことを公約で掲げているという見方もできるのだ。

これらの批判を受けるのは、当然に両議院及びその関係者が全く説明責任を果たしていないことに由来する。「自分に都合のよいことは大きな声で言いながら、都合の悪いことにはふたをして嵐が去るのを待つ」という姿勢は、民主党の得意技だ。それだけでなく、政策論としながら、それらの事件を論点をすりかえ、国民の声を真摯に受け止めないのは、あまりよいことではない。

「犯罪に時効あり、されど道義に時効なし」はマスコミのスローガンである。これらの犯罪に関して、しっかりと政治倫理綱領に従って決着をつけさせることができなければ、民主党の政策は、それら「利権者」または「関係者」によってゆがめられてしまう。だから「スローガンだけで政策なし」という状況になってしまうのだ。

［第五章］

健全なネットワークビジネスを育てる議員連盟と「公約違反」

政治家にとっての「信念」と「公約」

政治家には、それなりの信念と公約が存在する。

もちろん、その公約が必ず守られるものではないということは、有権者もよく承知している。公約自体の時勢が異なる場合もあるし、所属する政党の政策が異なる場合もある。その所属する政党自体が、議会で過半数を取れないことによって、要求が通らないこともある。諸外国からの外圧がある場合も少なくない。

有権者はそれらの事情を承知しているし、そのことを強く求めることはしない。しかし、有権者というものは、その議員に対して「自分にだけは誠実であってほしい」と考えているものである。その心は、自分だけ特別扱いにしてほしいというような「欲」ではない。衆議院議員が「代議士」と言われている以上、また、国民一人ひとりが主権者であると憲法で決まっている以上、国民は自らが主権者であり、政治家は自分の意見の代弁者だという意識を持っている。

そしてその意識が、自分の生活や信条、職業、生き方全般において「どうしてもこれだけは譲れない」というものに関して、貴重な一票を託すのである。

総花的な公約などはどうでもよい。自分の譲れないもの、たとえば、家族を守るとか、現在の生活水準の維持という非常に個人的なものでもよいし、日本はこうあるべきというような天下国家に関することでもよいと思うが、その「譲れないもの」の代弁者を選ぶのである。それが選挙だ。

「健全なネットワークビジネスを育てる議員連盟」

「健全なネットワークビジネスを育てる議員連盟」（旧「流通ビジネス推進議員連盟」）は、ネットワークビジネスと称する連鎖販売取引を行う業者が加盟する「ネットワークビジネス推進連盟」が支援していた。ネットワークビジネス基本法の制定、薬事法の改正をテーマに掲げて活動していた。

2008年10月、議員連盟の事務局長である前田雄吉衆議院議員が、業界から講演料と代表である政党支部への政治献金を受け取っていたと新聞に報道された。その中に、業務停止命令を受けた企業からの献金が含まれていることが明らかになり、問題が大きく報じられるにいたった。

また、2004年3月から4年連続で衆院予算委員会分科会において、「一部の悪徳なマルチ企業によりまして、多くのまじめな業者が迷惑している」と発言。政府の産業構造審議会小委員会に業界側委員を加えるべきだなど、業界擁護の質問を繰り返してきた。講演料や政治献金には違法性はないが、業者の一部が業務停止命令を受けていたことから道義的責任を取り、前田議員は民主党を離党し、次期総選挙への不出馬を表明した。

「やましいことはない」はずが隠すのに必死な民主党

民主党の当時の幹事長の鳩山由紀夫は、献金に違法性はなく、前田議員が事務局長を務めたマルチ商法支援の議員連盟は「すでに解消させてもらっている。今はもう存在していない」と説明した。

しかしその後、民主党の副代表であり、同議連を開設した石井一参院議員も450万円の政治献金を受けていたことが分かった。これに対して石井は「特別な趣旨はなく、あくまで政治活動に対する献金」と回答している。

また、民主党国会対策委員長で、同議員連盟の会長である山岡賢治議員は、マルチ商法をネットワークビジネスと呼び、推奨している。「健全なネットワークビジネスを育てる議員連盟」の顧問をしており、連鎖販売商法関連団体でネットワークビジネスを推奨する講演を行っていた。山岡の事務所は「講演を依頼されて行った。講演料などは受け取っていない」とコメントしている。また、別会社名義でコンサルタント料を受け取ったことを追及されると、「何の関係もない」として、その返金を行いながら、記者会見などを拒否するなど、その対応がかなり問題視されたのである。

また、同議員連盟は、ネットワークビジネス関連企業から献金を受け取り、「マルチ商法に注意するパンフレット」を作成した団体に対し法的な文書を発信していたことが発覚した。

山岡が会長を務めた「流通ビジネス推進議員連盟」が、「マルチ商法」から市民を保護する活動を行っていた社会福祉協議会に対し、山岡会長名義で抗議の意見書を送付していたことが明らかになった時も、マスコミからの取材に対し、山岡の事務所は「当方にはこの文書を出した認識はありません」と主張しているが、前田から「私が作ったが、山岡さん、牧さんには秘書を介して相談した記憶がある」と指摘されている。また、牧は「協議会の団体名も、抗議文も初めて見た。こんな風に名前が使われるとは夢にも思わなかった」が、「議連への入会を承諾した以上名前が独り歩きしても仕方がない」として謝罪している。このように、同じ議員連盟に参加してい

会見する前田雄吉衆院議員

る議員であってもその対応がまちまちで、不信感をさらに募らせたのである。

まず、ネットワークビジネスである。俗に「マルチ商法」と言われているが、これに関しては、イメージが悪いのは否めない事実であるものの、違法なものではない。山岡議員は、東京都千代田区麹町で行われた「ネットワークビジネス推進連盟」（議員連盟とは別の政治団体。MPUと略称）の講演会で、「日本人の風土からみて、今もてはやされているフランチャイズビジネスよりも、ネットワークビジネスのほうが合っている」と発言し、自らのアメリカ在住時代の話を織り交ぜながら講演を行っている。実は私もその場にいたので、「なるほど」と思ったことは間違いがない。山岡議員は「（ネットワークビジネスに参加している）皆さんは、私が必ず守ります。地位向上をいたします」という公約をしていたのである。

政治連盟と議員

山岡議員が講演した「ネットワークビジネス推進連盟（MPU）」は、「連鎖販売取引に対する世間の無知・無理解・誤解・偏見・勘違いに晒されている状態」から脱却することを目的とした政治連盟である。設立趣意書には、

『低迷を続ける日本経済の再生に向けて、企業に流通の活性化をもたらし、国民に就業の機

会を広く提供する21世紀の新しい産業、それが「ネットワークビジネス」です。

ＩＴ革命に象徴される情報のスピード化とグローバル化は、あらゆる産業分野に本質的な変革を激しく迫っております。この世界の大きな潮流の中で、新しい流通システムとして世界的に注目され認知されつつある「ネットワークマーケティング」を偏見なく真摯に研究し、育成することが、いま日本経済が世界に立ち遅れないための緊急の課題です。

われわれＮＰＵネットワークビジネス推進連盟は、不況に喘ぐ日本経済に「新しい血」を、リストラにおののく日本国民に「新しいビジネス」を提供するべく、健全で安全な「新しい産業」の育成と発展を目指して「ネットワークビジネス推進連盟」を、ここに設立いたします。

現在すでに、日本のネットワークマーケティングの市場規模は3兆円とも4兆円とも言われ、そこに関わる人口は８００万人を超えると言われております。しかし、これほどの規模を持ちながら、この産業は残念ながら日本においては正しく理解されておりません。この巨大産業を健全に育成し、発展させるためにも「21世紀の流通産業」にふさわしい法的

渦中の山岡賢治衆院議員

整備と社会的認知が急務であります。

われわれがここに「ネットワークビジネス推進連盟」を結成する所以《ゆえん》です。

言うまでもなく経済の発展において最大の資源となるものは人間の力です。人間の心と心が触れ合い、信頼と相互理解の上に展開されるネットワークビジネスこそ、日本経済の再建を担う「新しい一つの道」だとわれわれは固く信じます。

IT時代が声高に叫ばれるなかで、ともすれば軽視されがちな人と人、心と心のあたたかい触れ合いを大切に、会員相互の親睦を図り、経済の発展と国民生活の向上を実現するために、われわれは一致団結して必要な政治行動をとることを目的とします』

とあり、そのホームページには、「最近盛んになった通信販売（カタログ通販）市場が1兆2000億、テレビショッピング市場が726億、広告宣伝費が6兆円（日経新聞2000年調べ）と言われる中で、ネットワークマーケティング市場は3兆円とも4兆円とも言われ、何らかの形でそこに関わる人々は500万人を超えると言われています」と発表されている（ネットワークビジネス推進連盟ホームページより）。

私自身、このネットワークビジネスや、ネットワークビジネス推進連盟と深くかかわりがある。私は、ここにある通りに、この団体が、『連鎖販売取引に対する世間の無知・無理解・誤解・偏見・勘違いに晒されている状態』から脱却することを目的とした」のであれば、そもそもこのような問題にはならなかったであろうと思う。ここに記載されているネットワークビジネスにかかわる人々はすべて、民主党の重要な支持基盤になっていたであろう。

しかし、事件が発生し、業界側も最も議員に力を発揮してほしい時期に、「なにも関係がない」「協議会の団体名も、抗議文も初めて見た。こんな風に名前が使われるとは夢にも思わなかった」が、「議連への入会を承諾した以上名前が独り歩きしても仕方がない」などとの発言を聞かされれば、興が覚めるというものである。この事件で、民主党離党、そして次の総選挙不出馬を表明した前田雄吉議員は、自身のホームページ上で、

『10月13日（月）、朝日新聞の朝刊に私の記事が書かれたことについて世間をお騒がせし深くお詫び申し上げます。

この件に関する私の考え方について少し述べさせていただきたいと思います。駄目なものは駄目だ、これが私の基本的な考え方です。私は、独自の調査に基づき4回国会で質問させていただきました。私の認識では、いい業者と悪い業者があり、「駄目なものは駄目だ」「悪質なものは取り締まるよう」と国会質問の度、主張させてもらっております。また質問の際には必ず前年の警察の取り締まり件数を聞いてもいます。従って業界に厳しい言葉も述べて

おり、決して擁護をしているわけではありませんし、全マルチ業者を肯定しているわけではありません。講演の折にも特定商取引法などを説明させてもらい、遵守すべきものと主張させてもらっています。また遵法の精神でかつ、納税の義務を果たしているところには光を当ててあげるべきであると主張してまいりました。
一隅を照らすという私の政治信条から、銀行被害者を悪質な回収から守るなど、中々注目されない分野に政治の光を当てていくという活動を常としてきました。その点は今回の報道には正確に表れていないと思います。しかしながら、確かに政治資金規正法上合法であっても、昨年11月に業務停止命令を受けた会社からの講演料をいただいておりました。講演を行った時点では業務停止命令を受けていなかったとはいえ、今回の報道で業務停止を知り道義的に全額返金させていただきます』
とし、このコメントを発表した翌日に民主党を離党している。

ネットワークビジネスに関する考察

ネットワークビジネス業界そのものは、違法な集団では全くない。

その中に、悪質な商売をする者がいることもあるし犯罪者がいることもあるかもしれないが、そのことをもって業界全体を非難するのは「差別」でしかない。

だが、ネットワークビジネス業界に問題が多いのは事実である。この業界の大きな問題点は、業界としての自浄作用が存在しないことにある。自浄作用がないということは、前犯罪者がそのまま業界に復帰してしまうということがある。社会復帰、再チャレンジと言えばよいし、犯罪になってしまった事実を真摯に受け止めて反省し、業界の浄化に努めるならば否定するものではない。しかし、実際はそうではなく、また同じような被害者を生んでしまうことが多い。そのことに関する相互監視が機能しないということが最も大きな問題であろう。

ただ、本書の冒頭に記したように、日本人は、その気性から、一つ大きな事件があると、それと関連する全てを否定する気質を持っている。戦争に負けて軍隊を否定するのと同じである。ネットワークビジネスそのもので大きな事件が続いてしまうと、業界全体が悪いのではないかという気分になる。

似たような例では、2008年にJTが輸入した中国産の冷凍食品の餃子に殺虫剤が入っており、その殺虫剤による食中毒が日本各地で起きてしまった事件がある。この事件では、中国国内の原因工場が悪いとか、JTの商品が悪いとはならず、日本人の気性は、「中国産の食品は全て悪い」となってしまった。中国産の商品全てというのは、食品だけにとどまらず、生活品や衣料品まで全てが「食中毒」に結びつくかのようになってしまう。また、マスコミはそのような内容を非常に強くあおる報道を行うので、そのための風評被害は非常に大きくなる。中国食品への不信感は、そのまま中国との貿易業者を直撃する。そのために、中国産商品を日本産のように表示を偽装する業者が次々と現れたのである。これが、「食の安全」の議論となって政府批判に結びつくようになったのだ。

一つの食中毒事件が、中国産品全体に広がり、さらには「日本の食の安全」の問題に飛躍するのはあまりにも異常だが、それが日本人の気質であるといえばその通りかもしれない。その日本人の気質にさらされているのは、BSE発生時の牛肉もそうである。その気質によって日本は助かった部分もあるが、それにより日本人は選択肢を狭めてしまっている場合も少なくないのだ。

アンフィニティ詐欺と日本人の自己責任

さて、ネットワークビジネスの問題点はそれだけではない。よく言われるには「弱者を狙う」とか「仲間をだます結果になる」というものがある。しかし、実際はどうであろうか。

アメリカでは、知人や社会ネットワークを使った詐欺事件を「アフィニティ詐欺」と呼んでいる。２００９年1月に巨額投資詐欺として発覚したメイドフ事件が最近では大きな事件と考えられ、話題を呼んでいる。「産経新聞」（２００８年12月15日）の記事を引用する。

「米ナスダック・ストック・マーケット（現ナスダックＯＭＸグループ）元会長で、米中堅証券会社社長のバーナード・メイドフ氏（70）が、自身が設立した投資ファンドで投資家に高利回りを約束しながら実際は５００億ドル（約４兆６０００億円）を超える損失を隠していたことが発覚し、連邦捜査局（ＦＢＩ）は14日までに同氏を詐欺容疑で逮捕した。

日本の野村ホールディングスやスペイン最大手の金融機関が巨額損失を被った可能性も伝えられており、『米史上最大規模』（米メディア）という今回の詐欺事件は大型国際犯罪に発展する恐れも出てきた。

捜査当局によると、メイドフ社長は、自身の運営する投資ファンドが毎年10％の利益を上げていると投資家に宣伝。しかし実際には、新規に集めた資金を配当や解約金の支払いに充てるという『ねずみ講』的な方法で高利回りを装っていた。メイドフ社長は容疑を認めているという。

米店頭市場ナスダックの運営会社会長をはじめ、証券業界の要職を務めたメイドフ社長はウォール街の重鎮でもあり、経歴などから同社長を信用して資産運用を任せていた投資家も多かったといわれる。

メイドフ社長のファンドが常時、2ケタ台の利回りを掲げていたことを疑問視する声は以前からあった。このため、結果的に詐欺行為を見逃していた米証券取引委員会（SEC）などへの批判も出ている。

野村ホールディングスは15日、メイドフ社長の運営する投資ファンドに総額約275億円を投資していたことを明らかにした」


アメリカでは、このメイドフ巨額詐欺事件のように、友人関係などを中心に勧誘の輪を広げて詐欺を行う方法を「アフィニティ（親近感）詐欺」という。この事件は典型的な「アフィニティ詐欺」の例と言える。

アメリカの場合、このような詐欺事件が起きると、もちろん犯罪者として詐欺をはたらいた者を非難をするのは当然だが、逆に、投資した側、つまり日本では被害者といわれる人々も、「欲が深すぎて、あり得ない高利回りの話を見抜けなかった」と批判される。なお、このメイドフ巨額詐欺事件の被害者には、映画監督のスティーブン・スピルバーグなどの著名人も含まれており、また、日本でも上記の報道にあるように、野村證券など大手証券会社が投資をしている。

スピルバーグは、少なくともこの件に関して、被害があることを認識しているが、そのことをもって被害者であることをことさらに、日本人のように宣伝することはない。それは、自己責任がしっかりした国と、そうではなく自己責任が口先だけで、全く実行されていない国の差であろう。

それだけでなく、そのような社会の成熟度の違いが、このような「アフィニティ詐欺」事件の自己責任の報道の在り方や、社会の風評などの違いに表れてしまうものである。ダイレクトセリング（日本では特商法の枠内における販売形態）が消費者売買のほとんどを占めるアメリカでは、それだけ、自己責任の観念も、それを取り巻く社会的な環境も成熟しているということが言える。

逆に言えば、詐欺事件にならなければ、ネットワークビジネスは重要な企業形態として社会に認知されているのだ。

日本人の「判官贔屓」と「水戸黄門現象」

日本には、なぜか被害者を攻撃する論調は少ない。このような状況を「水戸黄門現象」と私は勝手に名づけているが、日本は報道に「勧善懲悪」を求めてしまう傾向がある。また、日本人は弱い者を無条件で保護する「判官贔屓《はんがんびいき》」が非常に好きである。何か大きな巨悪を作り上げ、それにより弱者、被害者を創出してしまう。それをマスコミや公権力などが勧善懲悪で、巨悪を懲《こ》らしめるというストーリーである。

「水戸黄門現象」でも「桃太郎シンドローム」でもよいが、世の中そんなに単純ではない。ライブドア証券取締法違反事件において、その株主たちが、元ライブドア社長の堀江貴文被告による虚偽記載と粉飾決算に騙されたために損をしたとして、マスコミを相手に騒ぎだしたが、実際、法的には株主代表訴訟以上の話はないはずである。

この「水戸黄門現象」のやり玉に挙がるのがネットワークビジネスである。特に「アフィニティ詐欺」をそのまま使ってしまうために、老人などの被害者をことさらに大きく報道し、また自殺者の遺書を公開するといった行為を行うのである。その中には「自己責任」というようなアメリカ的な議論は存在しない。日本人の消費、投資市場があまり成熟していないということと、自己責任的な考え方が充実していないということが挙げられるのではないだろうか。

「被害者」というネーミングは何となく違和感を感じる。やはり、片方で「自己責任」「自由主義経済」「資本主義」などと言っているが、全く「親方日の丸」的な集団主義が抜けきらず、判官贔屓が横行し、弱者を無条件で保護する報道は、二律背反という感じが否めない。ライブドア事件の「被害者」もそうであるが、その事業で得をしていたり、大儲けをした場合は何も言わずに、社会貢献などもせずに個人的（または家族的）な遣い道で終わっており、社会の力に恩返しすることはなかったであろう。

私がかつて、マイカルというスーパーマーケット業態において法務部に勤めていた経験からして、ネットワークビジネスとマイカルなどの小売業態は全く変わりはない。残念ながら、通常の小売業もネットワークビジネスも流通によって商売を行っているし、マイカルの場合特に多かったが、たくさん売ったものに対して「仕入れ割戻し」というリベート（コミッション）制度が発達していた。商売では噂を流して「口コミ」で評判を作り出すことはあるし、ソーセージなどで見たことがある通りに、サンプル商品もふんだんに取り入れている。違いは販売の場所、勧誘の場所という点だけであり、契約の形態が不透明であるということがネットワークビジネスの、通常の小売業と異なるところである。逆に言えば、その部分以外は通常の小売業、要するにフランチャイズによるコンビニエンスストアなどでも同じである。現にイオングループは2004年まで、「ロイヤルコスモ」というネットワークビジネスの会社を経営していたのである。

法律もそのようになっており、特商法では、その勧誘の態様、契約の意思の確認期間（返品期間）を長めに設けることで、冷静になって商品の必要性などを考える期間を設けるような法律構成になっている。逆にそれ以外の部分を規制すると、そのほかの小売業の通常の商形態や流通形態も破壊・規制してしまう結果になる。

献金をもらいながら逃げる民主党代議士

ここは、ネットワークビジネスに関して語る場所ではない。これに関しては、別途関係者の意見なども含めて、改めてしっかりと解説してみたい。

ただ、ここにこのように挙げたのは、他でもない。2008年10月に「ネットワークビジネスを育てる議員連盟」がマスコミで話題になった時に、その議連の代議士から、これらの解説が出てきていないということだ。『「連鎖販売取引に対する世間の無知・無理解・誤解・偏見・勘違いに晒されている状態』から脱却すること」を目的とした団体でありその議員連盟であるなら、逆に今私がここで展開したくらいの理解とその内容の会見を開き、政治家として自らの行為が恥ずべきことではなかったという考えを世に示すべきではないだろうか。

片方では「私は業界を守ります」「業界の地位向上に努めます」と「公約」しながら、事件になったら国民の前に姿を現すこともなく、「私は関係ない」として、もらった献金を返金するというのはいかがなものであろうか。それも、相手が法律に違反していたり、業務停止を命じられている団体であるならば返金する方がいいのかもしれない。犯罪にかかわった金と分かりながら、その金を使えば、「贓物《ぞうぶつ》罪」などの罪に問われるくらいだ。政治献金が「贓物罪」に当たるとは思えないが、犯罪にかかわった金で政治活動をするというのは道義的に許されない。しかし、逆に犯罪者でもない、犯罪行為もない相手に対して返金して「全く関係がない」と言うのは、単なる公約違反に他ならない。

　上記の状況で、前田議員は「勉強不足」だけだったのかもしれない。民主党離党の理由も「党に迷惑をかけた」というものであるし、最後まで、というか、いまだに「やましいことはしていない」と主張している。これらは、政治的な主張がブレていないし、前田雄吉議員が、自分のできる範囲で自分の支持者に対して、真摯に対応していたということがわかる。彼は、この事件において、自分の支持者との公約を果たしたといえる。勉強不足と断じたが、実際党本部などから「何も語るな」と言われているのかもしれないし、真実はわからない。

　ただ一つ言えることは、前田議員は、論理的に、また法的に、または他の流通業と比較して、その論理を記者会見で披露しなかった。周囲を納得させるだけの政治的な力や記者会見ができなかったということは間違いがない。記者会見だけでなく、民主党という政党を説得することができなかったのかもしれない。もちろん、本人の考え方や周囲の支援者の考え方はある。マスコミに囲まれた時にそれだけ冷静に対応できないということもあるかもしれない。しかし、結果として、マスコミに囲まれて、その主張を最も聞いてくれる時に、そのことを主張できなかったということは間違いがない事実である。

一方、山岡賢次議員に関しては、当初から逃げることを前提に献金を受けていたのではないかと疑える態度である。前田議員と全く違う態度、表にも出ず、「関係ない」としか言わない態度は、かえって不信感を募らせるものだ。真実から逃げ、話題が過ぎ去るのを待つそのやり方は、支援者に不信感を募らせたのである。もっと言えば、はじめから「『連鎖販売取引に対する世間の無知・無理解・誤解・偏見・勘違いに晒されている状態』から脱却すること」は、献金を集めるための方便ではなかったのか。そのように疑われても仕方がない態度ではないかと思う。

山岡議員に関しては、この後に秘書給与疑惑なども発生している。山岡代議士の地元栃木県真岡市で、福田市長がその件で会見している。

民主党関係者の会話から読み取った本音

私がこの政治連盟に深くかかわっていることはすでに述べた。この政治連盟が話題になった時に、民主党の関係者と話す機会があった。まずは、「あらゆる取材に応じないでほしい」と私は要請された。

しかし、取材に応じないということは、そのまま、彼らマスコミが入手した資料を、その少ない資料の範囲で、マスコミに都合よく解釈されてしまい、そのまま記事にされることを意味する。批判記事が書かれる時に、逃げるのは愚策だ。しっかりと説明し、マスコミに真実を伝えてもらわなければならない。自分たちが「やましいことはしていない」にもかかわらず逃げれば、当然に「隠していることがある」「悪いことをしている」と理解され、全ての資料がそのような偏見で解釈されることになる。この事件で言えば、正常な政治献金も癒着と解釈されてしまうし、何も言わないで逃げれば、悪いことをしているから人前に出ることができないのだと解釈される。

その旨を民主党関係者に伝えたところ、「宇田川さん、わかってくれてもいいじゃないですか。関わっていたことが明らかになるだけで私たちは迷惑なんです」と言う。様々な政治家やその関係者と付き合ってきたが、これにはさすがにあきれてしまった。

仮にも支援者で、かつ献金やパーティー券購入など有形無形の協力をしている者を相手に、「迷惑」というのはどういうことであろうか。それならば最初から関わらなければよい。「守ります」「健全な発展に協力します」と言いながら、いざというときには真っ先に逃げていき、そのうえ口止めまでして、挙げ句の果てに無関係を装わなければ迷惑であると言う。会話がこれ以上つながらなかったのは言うまでもない。また、それ以降、没交渉になっている関連議員も少なくない。

少なくとも、自分が認識している事実を表明して迷惑と言われるのはどういうことであろうか。言論を封殺するのか、あるいは、真実を後で変えて、口裏を合わせるというのか。それとも支援者を、献金してくれる「都合の良い道具」としか考えていないのであろうか。

民主党代議士の自己保身と公約違反

この章の冒頭に、政治家の公約と、それに対しての有権者の認識を述べた。しかし、それが裏切られるというのは、まさにこのような状況を指すものと思われる。

まさに冒頭の内容、要するに「時勢が異なる場合もあるし、所属する政党の内容が異なる場合もある。その所属する政党自体が、議会で過半数を取れないことによって、要求が通らないこともある。外圧などの場合も少なくない」と書いたが、今回の「公約違反」はそのこととは全く関係がない。政治家の「個人的な自己保身」がその公約を守れない理由であり、同時に、そのことは、政治家本人が、自分を支援しいている団体や人々のことを全く理解していないということを意味しているのである。それどころか支援者の期待を裏切ったことに他ならない。

民主党鳩山代表は就任以降、「生活者目線」ということを標榜してきているが、自分の支持者で、なおかつその会合に何度も出席している人々、業界団体についての理解もない。それに関して広く国民から、マスコミから説明を求められてもただ単純に逃げるだけで、支持者を裏切る態度が「生活者目線」であろうか。

国民を見下した民主党の実現不能な公約

民主党に関して言えば、このような対応が目立つ。要するにスローガンだけの無責任な政策が横行することになるのである。

たとえば、「高速道路無料化」を唱えながら、「環境税導入」など二酸化炭素排出に関する矛盾した政策を平気で並べる。高速道路無料を喜ぶ国民は、エコを気にせず自動車移動するであろう。そのことによって二酸化炭素の排出が増えるだけでなく、本来必要なトラック輸送が停滞することになる。国内物流が停滞しがちになるということは、逆に景気停滞につながる。また、今まで不要としてきた高速道路でも足りなくなるなど、かえって公共事業を増やす結果になる。二酸化炭素排出が増えることによって他国から排出権枠を買うことになり、その分税金が増えることになる。現在、民主党が計算している「環境税」では不足することが予想されるのだ。

結局、「高速道路無料化と、環境政策で二酸化炭素排出を削減する」ということを期待していた「生活者」を裏切る結果になるのではないか。

このことは、財源がはっきりしないほかの政策でも同様だ。

在日米軍は第7艦隊だけでよいとの発言を容認しながら、海賊対処法案には反対する。このようにして通商の安全を守れないようにしながら、景気対策や物流対策を立てず、本来なら法人税の見直しを検討、租税特別措置（租特）透明化法案、公開企業を対象に公開会社法を制定と、景気回復ならぬ法人税増税、租特の廃止など大企業を攻撃する。大企業を攻撃しながら一方では「雇用を維持する」と、完全に矛盾した政策を言っている。

一つひとつを聞けば、よいかもしれない。その場で聞けばよい話に聞こえるし、「耳障り」ではない。しかし、すべてを考え合わせれば、矛盾点が浮き彫りになるのだ。

民主党の政策には、この「国民はどうせわかるはずがない」とした、有権者を見下した内容が含まれており、その内容に関して、一切答えようとしない。

この態度、発言に無責任であることは、今回の「健全なネットワークビジネスを育てる議員連盟」に参加し、マスコミの追及から逃げまくり、ほとぼりがさめると、またでかい顔で何ごともなかったように表に出てくる厚顔無恥な態度と共通するところがある。一部議員のことかもしれないが、それが民主党の党内で重要な役職にいるということを考えれば、そのような態度を許容する、あるいはそのような要素を含む政党なのかもしれない。

最も差別をしているのは民主党議員だった

私が、この一連の事件の中で確実に言えるのは、二つのことだ。

一つは、どのような状況であっても差別をしてはならないということ。ある集団を差別すれば、次の悲劇が生まれるのだ。その悲劇や事件はそれこそ「ねずみ算」的に増えていき、日本を誤った方向へ導く。前田雄吉氏の発言の通り、「一部の悪徳なマルチ企業によりまして、多くのまじめな業者が迷惑している」のである。その人口が500万人いるという統計は、それだけの被差別者がいるということだ。差別するのではなく、理解し「悪徳な業者」を取り締まるということが必要である。たとえばその「悪徳業者」が過半数であったとしても、100万人以上は差別意識によって傷つけていたということになるのだ。

たとえば、「事故米」を販売していた業者がいても、米屋全部が悪いとはならない。しかし、この業界に関してだけは、そのような認識になる。これこそ差別の構造でしかない。

日本の発展や社会の成熟を妨げているのは、この「差別」の構造だ。それは前章で述べたように、鎖国という閉鎖社会の遺物でしかない精神構造だからだ。日本人は差別することによって自らの優位性を確保しようとし、そして、その優位性で満足してしまい、次のステップに進めない状況が続いている。日本人が真の意味で世界に出ていけず、グローバル社会で活躍できないのは、まさにこの構造があるからである。

そして今回、この業界を最も「差別意識」をもってみていたのは民主党の議員であった、ということだ。「差別意識」をもつのは、弱者が多い。必ずしも弱者ばかりではないが、内面的に何らかの弱い部分やコンプレックスのある人が多い。

民主党議員にはどの部分で弱い部分やコンプレックスがあるのかはわからないが、結局は「支援する」と言いながら、「差別していた」ことによって、「一緒に戦う」という姿勢が取れなかったのではないだろうか。「関係ない」とは「相手がどうなってもかまわない、私には関係がない」ということである。本当に関係がないのならばいざ知らず、さまざまな会合に出席しながら、「関係がない」と言えるのは、「差別」していたからに他ならない。繰り返すが、最も差別意識を持ち、支援者を見下していたのは、民主党のこの議員かもしれないのだ。

無責任な発言をするのは民主党だけではないかもしれない。政治家である以上、自己保身を最優先にする人も少なくないであろう。しかし、今回の事件のように、そのことが顕在化した例も少ない。それどころか、与党の不正を追及する立場の政党がこのようなことでは、「ブーメラン政党」と呼ばれても仕方がないのである。国民年金未納事件などはその最たるものである。その性格が反映された政策に関して、有権者はしっかりと監視しなければならない。

マスコミ各社は、このような態度こそ報道する価値があるものではないだろうか。

都合が悪いと質問をはぐらかす民主党

民主党が、まともに質問に答えないという性質に関して、最後に、自民党の細田博之幹事長が質問を行ったものに対して、回答を行わないというエピソードを、自民党の田村重信氏のブログの2009年6月5日の欄からそのまま掲載する。


『民主党の平野博文総務委員長代理が4日、自民党細田幹事長への回答をした。

民主党は、自民党の質問に答えられないために、逃げをうった。

民主党は、政府に資料を出せ、回答をと迫るが、立場が逆になると、とたんに逃げを打つ。

そのうえ、来週の党首討論も先送りとなった。

政権党を目指すならば、この程度の回答もできないようではどうしようもない、無責任であり、回答ができないからで、具体的な政策のない政党ということだ。

民主党は、他を批判はするが、自らの批判には答えない政党。

今回のことでハッキリしたのは「単なる批判政党」ということだ。
自民党が幹事長なのに、平野博文総務委員長代理が回答するというのもあきれる。
以下は、民主党のホームページに載ったものである。

自民党細田幹事長への回答

平野博文総務委員長代理（役員室担当）は4日、細田自由民主党幹事長の質問状への回答を送付した。

この中で平野総務委員長代理は「党首討論はあくまで国会の正式な常任委員会である国家基本政策委員会における党首同士のもの」として、「党首同士の国会討論の後に、代理の方から不躾に質問状をいただいたこと」には戸惑いを禁じえないと指摘。

そのうえで「党利党略による一方的なペーパーの発信を繰り返すのではなく、延長の必要性と理由を国民に対して十分に説明したうえで、国会に議席を占める政党として、開かれた国会の場で大いに論戦を行うべき」との見解を示している。

自由民主党幹事長　細田博之様
民主党役員室担当　平野博文

拝復

細田博之自由民主党幹事長におかれましては、政権党のトップマネージャーとしての日々のご活躍に心から敬意を表します。

さっそくですが、このたびいただきました質問状につきまして、まことに僭越ながらわが党の職掌分担上、小職からお答えをさせていただきます。

そもそも、党首討論はあくまで国会の正式な常任委員会である国家基本政策委員会における党首同士のものであり、恐縮ながら党首同士の国会討論の後に、代理の方から不躾に質問状をいただいたことに戸惑いを禁じえません。

また、貴党は最近なにかとＨＰや広告等を含め質問状戦術にご熱心なようですが、これはかつて野党が国会閉会中に論戦を行いえないときなどに常用した戦術と記憶しており、歴史と伝統ある貴党の旧態野党ばりの「常軌を逸した」「プロパガンダ」に驚いております。しかし、せっかく会期延長を強行されたのですから、党利党略による一方的なペーパーの発信を繰り返すのではなく、延長の必要性と理由を国民に対して十分に説明したうえで、国会に議席を占める政党として、開かれた国会の場で大いに論戦を行うべきと考えます。

さらに、ご指摘の平成20年衆議院予備調査第3号報告書は、法にもとづき衆議院内閣委員会が議決した予備的調査命令により、立法府が行政府に正式に協力を求め作成した報告書であることに留意しつつ、まさに国会で議論することが至当であると考えます。

政権党幹事長としてご多忙にもかかわらず、せっかくいただきましたご質問ですが、以上お答えとさせていただきます。

時節がら益々のご活躍とご自愛のほどお祈りいたします。

敬具

（以上田村重信氏のブログより）

このやり取りを読んで、読者はどのようにお考えであろうか。

両者への賛否両論はあると思うが、実質の国会でこのような論議がされるのであろうか。

6月4日の産経新聞の報道では、自民党が6月10日を提案した党首討論を民主党は延期し、17日としている。上記のような回答で「国会で議論することが至当であると考えます」としながら、党首討論を先延ばしにするのは、これも「公約違反」と同様に、国民への裏切りではないであろうか。

さて、有権者はどのような判断を下すのであろうか。

［第六章］

イオングループと岡田幹事長と労働政策

衆院予算委で質問された岡田克也とジャスコの選挙協力

2009年5月16日、民主党幹事長に岡田克也が就いた。岡田克也は、イオングループの名誉会長岡田卓也氏の二男である。長男はイオングループの社長である岡田元也氏。三男は中日新聞の統括本部長の高田昌也氏である。

このイオングループと岡田克也民主党幹事長の関係が取りざたされることが少なくない。岡田克也はこれを否定し、何の関係もないと主張しているが、その疑惑は常に残る。このことが、国会で議論されたこともあるのだ。平成2(1990)年3月8日の衆議院予算委員会の議事録から、共産党・正森成二議員の質問の該当部分をそのまま掲載する。

正森委員　運動員の定義によりけりで、そんな選挙参謀やら市会議員やらなんかじゃなしに、選挙事務所で働く人間に対して費用を払うなんというのは公選法やら皆にちゃんと書いてあるじゃないですか。そのことを私が聞いているのに、さっきの答弁といい、一生懸命先の先を読んで、できるだけ政府・与党に迷惑かからぬようにしようということで、忠誠心は見上げるけれども、国会に対しては忠誠心がない、こう言わなきゃなりません。

しかし、時間がないから次に移りますが、ここで総理、企業ぐるみの典型例について伺いたいと思うのです。これは事実を申し上げます。

三重1区では、関係者もおられるかもしれませんが、自民党が3名出たのです。ほかに社、公、共、民、無所属、9名が立候補した。そのうち、自民党の1名は山本幸雄氏の地盤を引き継いだと言われる岡田克也氏で、有名な流通業者、大手ジャスコの会長、岡田卓也氏の次男であります。

四日市はジャスコの発祥の地で、岡田屋が21年前にジャスコに改名したものであります。この陣営では文字どおりジャスコの企業ぐるみ選挙が行われました。選挙事務所を1区内で四日市、津、鈴鹿など8カ所に設けましたが、ここの事務員はジャスコ社員が親交会というジャスコ独特の業者との交流組織に出向ということで、ジャスコの費用ですべて賄われました。その人数は、四日市の10数名を初め、パートも入れると約100名に達します。1年前から行われたといいますが、昨年夏からと見ても人件費は莫大であります。ジャスコは1区内に20

岡田克也衆院議員

店舗を持っております。アルバイトも含めて約3000名の従業員がいます。正規社員は千数百名です。これが全部運動員等に使われました。朝礼で店長から各売り場主任、フロア長に、その後フロア長等から全員に岡田克也後援会カードが渡されて、1人10名以上が割り当てで集められました。グループ17社、大体おおむね全部行い、関係業者が一千社ありますが、それにも同様に働きかけたと言われております。

こうして30万名の名簿を集めました。そのうちダブリは約3割あったと言われておりますが、ジャスコ事業本部の向かいの住友生命ビル2階を借りて、パソコン4台にこれを打ち込んで管理した。そして、最初に言いましたジャスコの従業員がローラー作戦で戸別訪問を行って、二重丸、丸、三角、ペケというように仕分けして、これをパソコンに打ち込んだ。土曜日、日曜日は正規の社員を多数動員して、そのためにパートの時間給は土日だけは5割アップした、かわりの人数集めを行った。公示期間中は、3ないし4回にわたり職務中も含めて従業員は電話をかけて、三角などを二重丸、丸へ格上げする、そういう行動を行った。

このような企業ぐるみのために、後援会等のノルマに耐えかねて辞職した人もおります。ジャスコは退職金が企業年金制度になっているので、辞めるに辞められないといった人もおります。ある当選した陣営では、私は直接聞いたのですが、ジャスコ従業員は会社の奴隷だ、こう言っているありさまであります。これは思想、信条の侵害、人権無視じゃないですか。

法務省人権局長、来ていますか。

篠田政府委員　ただいま御指摘の事案につきましては、事実関係がつまびらかでございませんので、それが人権侵害になるかどうかという点につきましては、現在の段階では意見を控えさせていただきたいと存じます。

なお、一般論といたしましては、企業内におきましても、憲法で規定されております思想、良心の自由というものは尊重されるべきであるというふうに考えております。

正森委員　それは当然ですね。

そこで、総理、この陣営では、昨年11月ごろから、名古屋テレビ、中日テレビ、中京テレビ、東海テレビ、三重テレビ、民放5社で販売広告を行ったのです。博報堂が作成したと言われていますが、これはもうひどいもので、まずエプロン姿の奥さん風の女性が出てきて、大きな声で「オカダさんちのカツコさーん」と呼ぶのです。そしてジャスコの広告宣伝を始める。ジャスコは四日市の岡田屋から出発して、その次男の克也氏が出馬表明していることは周知の事実です。政界関係者も有権者もあきれ返ったというのです。もし愛知3区で、総理がコマーシャルをどこかの会社を使ってやらせて、「海部さんちの俊樹さーん」とやったらどうです。総理はそれを認めますか。

海部内閣総理大臣　私は自分の選挙区へ今度は1回も帰れませんでしたので、また、コマーシャルをやるほど裕福でもございませんのでしておりませんが、ひとつ正森委員に私の素朴な疑問を率直に言わせていただきますけれども、企業ぐるみ選挙というのが我々がきょうまで受けていた感じは、むしろ野党の皆さんの中で、これはごく一部だとは思いますが、企業が挙げて、下請けまで集めて、これに投票しろとおっしゃった実例とか、あるいはほかに組合ぐるみの選挙というものも現にあるわけでございますし、それから、政治資金のこともいろいろおっしゃいましたけれども、これはきょうはいい、悪いを言うのではありません、御指摘がありましたから、びっくりしたことを思い出すままに言いますが、野党の中で一番たくさん政治資金を集めて届けていらっしゃるのは共産党でございます。昭和62年もたしか491億、中央と地方を通じてお届けになっておる。いい、悪いというのじゃありません。それほどお金を使わなければならぬ、政治にお金がかかっておったのだという現実があったわけですから、そのお金を使わないように政治改革を思い切ってやっていかなければならぬ、私はこういう気持ちをますます強めたわけでございます。

正森委員　総理は、この件について十分お答えができないので矛先をよそへ向けられましたが、私は、企業ぐるみ選挙とか労働組合選挙なんというのは日本共産党とは無縁でありますす。ほかの党だと思いますが、最後まであえて申しません。政治資金が多いという点について言いますと、総理は言われましたが、我々の政治資金が多いと言われているのは赤旗の販売代金ですよ。我々の政治資金のうち9割以上は赤旗の販売代金で、我々は、零細な方々も含めて1カ月500円とかそういうぐあいにお売りして政党の本来の宣伝をやるということが9割以上を占め、残り10%のうち5%は党員の党費であり、残り5%弱が個人からの政治献金です。ですから、あなた方のようにリクレートから株をもらってぬれ手にアワで何千万ももうけたり、あるいは企業から何十億円も献金を受けているというのとは全く違うということを申し上げておきたいと思うわけであります。

それだけではないのです。このジャスコというのは、ここに持ってまいりましたが、これを見てください。これがジャスコが2月18日、投票日当日に全戸に対して新聞折り込みで配った広告ですよ。「オカダヤがジャスコになって20年」という見出しで18日にこの新聞折り込みをやっているのですよ。そして、投票日翌日の19日、20日の2日間、1割5分引きの特別セールをやる。いいですか、岡田という人が候補者に出ているのですよ。ジャスコの次男だということは全部知っているのですよ。それをこういうことをやって、ジャスコの従業員も有権者も皆、当選したときの当選御礼の安売りだ、利益誘導だ。しかも、ここには珍しく商品が載らないで、20何名載っておりますが、そのうちの5名を除いて全部1区内のジャスコの店長なんです。これが先頭になって後援会集めをしたのです。その顔がずらっと載っているのです。

しかも、それだけではないのです。こういう特別セールをやるからと言って、前の日の2、3日間に従業員が時間中にジャスコカードというのを持っている10万名に電話しているのですよ。10万票あれば通るのです。この候補者は結局9万7000票とっているのです。企業ぐるみもひどいじゃないですか。いいですか、こんなことをやっているのです。これでもいいと言うのですか。当選された自氏党の陣営が、三重1区の有権者はジャスコにパソコンで在庫管理をしていられるようなもんだ、こう言っているのですよ。あなた方の議員自身が言っているのですよ。そんな企業ぐるみをやっているのです。

岡田克也民主党幹事長の経歴

この国会質問で問題とされているのは、岡田克也議員に関することである。

岡田克也は、公立の小中学校から、大阪教育大学附属高等学校池田校舎を経て東京大学法学部を卒業。公のための仕事に就くという幼少時からの夢のため、1976年通商産業省に入省。1985年に米国ハーバード大学国際問題研究所に派遣され、研究員として1年滞在。1988年7月、大臣官房総務課の企画調査官を最後に通産省を退官。1990年（平成2年）は、まだ55年体制の下で、岡田克也議員が初当選した第39回衆議院選挙がこの年の2月18日に行われた年である。この選挙に伴い第二次海部俊樹内閣が発足する。

平成2年といえば、ちょうど「失われた10年」に突入する年であるが、まだ国民も誰もそのことを認識せず、まだまだ日本の企業や社会に余力が残されている状態であった。

雇用環境もまだ労働者側に主導権が残されていた時代で、就職斡旋雑誌「サリダ」のコマーシャルの「♪職業選択の自由、アハハハーン」というフレーズが流行した。

改革といえば、この年の3月15日にミハエル・ゴルバチョフがソ連共産党の書記長に就任し、冷戦構造がなくなり、世界中の改革機運が高まるという「ペレストロイカの夜明け」状態であった。

岡田克也議員はこのような世界環境の中、自由民主党の公認で立候補し、当選後、経世会（竹下派）に入る。正森議員は、まさにこの時の選挙に関して企業ぐるみで選挙を行ったということを指摘したものである。

公務員法兼業禁止違反

岡田克也に関して、その親族企業イオングループとの関係を示すものは、これだけにとどまらない。「毎日新聞」（２００４年6月8日）の記事より抜粋する。

『岡田代表、公務員時代に兼職　無報酬で会社役員
民主党の岡田克也代表は6月8日の定例会見で、通産省（現経済産業省）の職員だった79～86年にファミリー企業の役員を無報酬で務めていたことを明らかにした。岡田氏は、国家公務員法が定める公務員の兼職禁止規定に違反する状態だったことを認め「大変申し訳なく思っており、国民におわび申し上げる」と陳謝した。
岡田氏によると、この会社は、家族所有の不動産を管理する「岡田興産」（三重県四日市市）。1979年7月の設立と同時に「両親の依頼」で取締役になった。1986年4月に兼職禁止規定に気づいて辞任した。その後、通産省退官後の1988年9月から衆院選に初当選直後の1990年4月まで社長を務め、月額40万円の報酬を得ていた。2回の在職期間中とも厚生年金には加入しておらず、現在は無関係だという。
岡田氏は兼職について「国家公務員法を知らず、問題はないだろうと思い、取締役の1人に名を連ねた。勤務実態はなかった」と述べた』
岡田克也は、先述の通り、東京大学法学部を卒業し、1976年通商産業省に入省。公費でハーバード大学に派遣されるほどのエリートである。その人が「国家公務員法を知らず」とい

う言い訳はいかがなものであろうか。

公務員法違反と名誉毀損裁判

この謝罪会見をめぐり、自民党政務調査会首席専門官・田村重信氏が、その著書で、「平成16年6月8日午後の記者会見で、岡田氏は、旧通産省に勤務していた昭和54年7月から同61年4月までの間、国家公務員法の兼職禁止規定に反し両親が設立した不動産会社『岡田興産』の取締役（無報酬）に就任していたことを公表し、陳謝した」との記載及び、「岡田氏の父は、大手スーパーのジャスコなどを経営するイオングループ名誉会長の岡田卓也氏。問題は、当時、ジャスコの全国展開を推進した『岡田興産』と通産省の関連で、通産官僚の岡田氏が何らかの便宜を図ったのではないかという疑惑である」との記載及び、「2004年6月8日の記者会見で、岡田さんは、旧通産省に勤務していた1979年7月から86年4月までの間、国家公務員法の兼職

岡田議員の実父・岡田卓也氏

禁止規定に反し両親が設立した不動産会社『岡田興産』の取締役（無報酬）に就任していたことを公表し、陳謝しました。これは何が問題かと言いますと、岡田さんのお父さんは、大手スーパーのジャスコなどを経営するイオングループの名誉会長なんですね。当時、ジャスコの全国展開を推進した岡田興産と通産省の関係で、通産官僚の岡田さんが何らかの便宜を図ったのではないかという疑惑ですよ。報酬を『もらった、もらっていない』が問題じゃないんですよね」との記載について、名誉毀損で訴訟を行った（平成19年（ワ）第20663号、謝罪広告等請求事件東京地裁判決文より抜粋）。

この裁判について、岡田克也は「被告は、原告に対し、別紙記載1の内容の謝罪広告を、読売新聞（全国版）及び朝日新聞（全国版）の各朝刊社会面に、別紙記載2の条件で各1回掲載せよ。被告は、原告に対し1100万円及びこれに対する平成19年4月26日から支払済みまで年5分の割合による金員を支払え」（同事件訴状より抜粋）という要求を求めているのだ。

これに対し、第一審は「原告（岡田克也）の請求をいずれも棄却する」となり、第二審は、名誉毀損の一部を認め、110万円の損害賠償のみを認めた。本書執筆中では、最高裁による

田村重信氏の著書

審理が継続しており、判決が確定していない状態である。

この内容に関し、岡田克也は自身のホームページに、2009年2月5日付で「私の名誉毀損に対する訴訟及びその判決について」と題し、下記のようにコメントを載せている。


本日、私が控訴人である謝罪広告等請求控訴事件（東京高裁平成20年（ネ）第1994号事件）に対する判決が言い渡された。当該事件は、自由民主党政務調査会首席専門員である被控訴人・田村重信氏がその著書の中で、私が通産省勤務時代に不動産会社「岡田興産」の取締役を務めていたことを取り上げて、「ジャスコの全国展開を推進した岡田興産と通産省の関係で、通産官僚の岡田さんが何らかの便宜を図ったのではないかという疑惑」があるなどと誤った事実を記述し、もって私の名誉を毀損したため、謝罪広告の掲載と損害賠償の支払いを求めたものである。

本日言い渡された判決は、「岡田興産の事業を通じて実父が経営する大手流通企業に対する便宜を図ったという疑惑が存在するとの事実を摘示した」ことについて、その「事実の重要部分が真実であることの立証をしないし、上記事実を真実と信じるについて相当の理由があることの主張立証をしない」「およそ岡田興産がジャスコないしイオングループの全国展開を推進するといった事実があったとは認めがたい」として、田村氏に対して損害賠償の支払いを命じた。

私は政治家として20年来、「政治家に対する国民の信頼」が最も重要な政治の基盤であるとの信念の下で活動してきた。政治家に対する批判は基本的には広く認められるべきだが、それはあくまで事実に基づいたものでなければならない。今回の判決によって、その当然のことが改めて確認されたと言える。

報道される「一部勝訴」と報道されない「全面敗訴」

なお、岡田克也のホームページには、地裁で敗訴した時のコメントは出ていないし、最高裁でいまだに争われていることの報告もされていない。もちろん、自身のホームページであるから自らが不利になったことなどをあえて公表する必要はないが、逆に最高裁で地裁判決を支持する判決が出された場合、どのようなコメントを出すのか、あるいは地裁の時のように、何も出さず「一部勝訴した時のものだけを延々と出し続ける」ということをするのであろうか。そこはその時になってみないとわからない。

この事件に関しては、私のブログ「KOKKAI PRESS宇田川的ニュースのC級解説」にも、過去の部分でかなり書かれており、また、岡田克也事務所よりコメントが寄せられた。可能な限りそのままにしておくので、興味のある方は読んでいただきたい。

マイカル倒産とイオングループ

私が、マイカルという小売業に勤めていたことはすでに述べたと思う。マイカルは当時、日本の小売業で2000年当時業界第4位の地位にあった。1位のダイエー、2位のイトーヨーカドー、3位のジャスコに次ぐ売上高だった。

このマイカルが2001年に倒産する。「小泉内閣の痛みを伴う改革の犠牲第1号」と一部で言われたが、社内にいた人間からすると、必ずしもそうではないと思えるのは不思議なものである。ほかの会社の倒産に関しては「小泉改革の犠牲かもしれない」と思う部分もあるが、自分の所属していた会社に関してはそのような責任転嫁をする気にはなれない。

マイカルの倒産は、かなり世情を騒がせたものだ。倒産当時（2001年9月14日）、社長であった四方修氏は、元大阪府警本部長である。マイカル社長が外部からの招聘《しょうへい》ではなく、子会社で、ビルメンテナンス・警備を業とする一部上場会社であった「株式会社ジャパンメンテナンス」の代表取締役であった人物が、前任の宇都宮浩太郎社長の辞任に伴い就任していたのだ。その経歴にある大阪府警本部長ということから、子会社の社長でありながらマイカルの会議に顧問として出席していた。元警察官僚であり、それまでの個人の力量に頼った社風や、モラルが多少乱れた部分などを正すこと、それらに伴う経営の改善が期待された。「組織管理」という単語を使って再生に奔走《ほんそう》する姿はテレビ番組でも何度か特集されたものだ。

しかし、その「組織管理」がうまくいかず、9月14日の倒産を決める取締役会で、山下幸三氏をはじめとする多数の取締役のクーデターが発生し、四方修氏の企図した会社更生法の申請は否決される。

この「マイカル倒産時クーデター事件」はマスコミでかなり興味深く報道された。私は、この半年前の3月10日付で退職しているので、この時のことは、社内に残った知人・友人から聞いた情報以外にはなかったが、それでも社内の生々しい話をかなり多く聞くことができたものだ。そのクーデター後の再建もうまくいかず、同年11月22日に再度倒産の決議を行い会社更生法を申請し、この章の話題の中心となるイオングループに再建を託すことになる。

当然に、「マイカル倒産時クーデター事件」で私に話を聞かせてくれた社内に残った知人・友人は、その後のことも様々な話を聞かせてくれる。それは本書執筆中の現在も同じだ。もちろん、会社が変わったことで経営方針などが合わずに辞めていった友人たちも多い。しかし、イオングループに残っている者も少なくない。幹部・部長クラスはほとんど会社を離れているが、私と同じ年代の社員はまだまだ残っているほうが多いのである。

労働組合による選挙協力の実態

その友人たちに、上記の事情、まずはイオングループの選挙協力に関して聞いてみた。

「宇田川、おまえは経験しなかったかな。組合に入っていれば、全員が半強制的に休みを取らされて、選挙応援に連れて行かれるんだよ」というのが答えだった。

私がマイカルにいたとき、初めは「総務本部」ということで組合に加入していたが、組織変更で「人事総務本部」となり、組合員から除名された。そんなことで、過去の記憶から、マイカル時代に選挙応援を「半強制」されたのは1回か2回でしかない。法務部の中に「緊急」という印鑑の押してある回覧板が回ってきて、選挙期間中の何日に行けるかを自己申告でマルを付けるというものであった。指定された立候補者の選挙事務所に連れて行かれて、そこの指示に従って「応援」するというものである。

私は、前掲の共産党・正森議員の国会質問を読んで、それを思い出したのだ。

私は、事務所に行って「これは選挙違反ではないの

イオングループの本社ビル

ですか？」と聞いたところ、「そんなことは聞かなくていい。言われた通りにすればよいのだ」と、その事務所の人にひどく怒られたのを記憶している。私が行ったのは、大阪府内の民主党の立候補者の選挙事務所であったが、意見を述べる機会も奪われ、ただロボットのように働かされるのは、それこそ「信教・思想・イデオロギーの自由」という憲法の精神に違反しているように思ったものだ。

それだけではない。応援に駆り出されていながら、その候補者の落選を祈るというゆがんだ精神状態になったものだ。労働組合とは、何と前近代的な階級組織を持っているのだろうと、私が個人的に考えたのは言うまでもない。

当時のそのような記憶が、現在の私の仕事に大きな影響を与えている。ましてや、従業員が、自分の所属する労働組合に命令されているのだ。組合費を徴収されながら強制されるという、何とも理解に苦しむ状態ではないのか。しかも、給与生活者がその会社から強制された場合に、拒絶不能な精神状況になるのは当たり前だ。そのような強制力を使って、大人数を選挙に動員するのは、たとえ法律に違反していなくても、道義的に許されるものではない。それは、現在民主党が公約にしている「世襲制限」よりもはるかに大きな問題である。

このような「半強制」は有権者の自由意思を阻害するものであり、同時に、世襲と違って、自由意思を阻害しても当選できてしまう組織票を得るということになる。血縁であっても優秀な人物はいるし、血縁などなくてもあまり政治家に適さない人もいる。しかし、このような「半強制」が行われていれば、組織に指名されて「適さない人」が圧倒的に有利な条件で当選を果たす可能性があるということである。

組織的な票を得ること自体は問題にはならない。ある組織が自主的に特定の候補を推薦するのはよい。問題は、給与や就職というものを担保に自由意思を阻害する、そのことが最も大きな問題である。

解決策としては、与野党を問わず、労働組合の構成員が、選挙期間中にどのような休みを取っているかなどを、細かく調査をすべきではないだろうか。選挙期間中だけ、各社とも異常に多く有給休暇の消化があるとすれば、そこには問題が潜んでいる可能性があるのではないだろうか。

イオングループ岡田一族の「親子愛」

現在、イオングループがそのようなことをしているという確たる証拠はない。だが、複数の証言を得るのはそんなに難しいことではない。問題は、岡田克也議員側がそれを依頼しているのか、それとも、労働組合側またはイオングループの会社側が勝手に支持しているのかは明らかでない。その点は明らかでないものの、「親族」「親子」ということは、無用な詮索をさせるものである。

マイカル、ジャスコなど、小売業界での集まりも頻繁に行われていた。岡田卓也現名誉相談役は気さくに何度もその種の会合に参加していたし、お互いの店舗見学などは、率先して一緒に歩いていただいた。

私のような一社員にではない。マイカルの社長や会長が、ジャスコの店舗を訪ねた場合のことだ。だがそこに随行していれば、当然に私もその話を聞くことができる。

また、会合の事務局などの仕事を担当していても同じだ。マイカルが小樽市小樽築港駅前に、数カ月ではあったが、当時日本最大の売り場面積を持つショッピングセンター「小樽ベイシティ」を開発した。私はその時にヒルトンホテルの経営会社であるヒルトンインターナショナルと運営委託交渉を行ったことや、オープンにあたりそのほかの契約に関する事項を担当したので、非常に深い縁がある。

小売業界の会合が、その「小樽ヒルトン」で行われた。岡田卓也社長（現名誉相談役・岡田克也の父）は会合の宴たけなわの時に、「息子を総理大臣に、そして、私は三重県知事になるというのが夢だ」と語っていたのを思い出す。

会合に来ていた人々に聞くと、岡田卓也氏が「息子を総理大臣に……」というのは、口癖か挨拶のようにいつも言っている「枕詞（まくらことば）」であるという。

そのような父親がイオングループの名誉相談役にいて、岡田克也の兄である岡田元也氏がその社長を継いでいるのだから、岡田克也が頼まなくても、選挙を応援するのは当たり前なのかもしれない。依頼関係とか、改まった作法は血縁関係の場合は必要ないはずだ。

なお、イオングループという企業においては、岡田克也が政治改革推進本部長として国会議員の世襲を禁止したにもかかわらず、世襲で長兄が社長をやっていることは、政治とは基本的にかかわりはないが注目に値するものである。

岡田克也は、このイオングループの状況を、自身の信条である世襲制限と照らし合わせてどのように思っているのであろうか。個人的には、非常に興味のあるところである。

岡田克也とイオングループコンプレックス

逆に、岡田克也は、当然にそのような「目」で世間から見られていることを自覚すべきであろう。「李下《りか》に冠を正さず」のことわざではないが、本人が何もしなくても、血縁ということで疑わしい環境が形成されていることは間違いがない。

そのことを本人はいささかコンプレックスに感じているようであるが、それは、口頭で否定するとか、名誉毀損の訴訟をするというものではなく、積極的にわかりやすい方法で否定をすべきであろう。そうでなければ、当然に批判の目が向けられることを甘んじて受けなければならないであろう。

そうでなくても、西松建設と小沢一郎代表代行のように、血縁関係になくても癒着が噂され、公設第一秘書が逮捕された例を至近な疑獄事件として民主党は出しているのだ。逆に、血縁関係でありながら全く関係がないというほうが不自然に感じる。

岡田元也イオン社長

一企業の発展と業界全体の発展、その社会性の違い

一つの企業との癒着は何が悪いのか。

一つの企業と癒着すると、一企業の利益につながることになる。一人（一法人）のために政治権力、つまりは公的権力を使うことになる。公的権力を使うということは、すなわち税金を使うということだ。業界団体のために使うのとは異なる。業界団体の健全な発展は社会の発展

につながる。これに対して一企業に偏った利益誘導は、不公正な競争関係を発生させ、そのことによる業界の寡占化を発生させ、そのことにより価格競争力がなくなり、業界全体が衰退する。一つの業界の衰退は日本の社会全体の衰退につながるのである。そのために、日本では、独占禁止法などの経済法規が成立しているのである。

民主党の議員の場合は、一企業との癒着が噂されている議員が少なくない。その企業に関しても、業界をリードする企業ではなく、業界の二位または中堅どころで、業界団体の主役になれる会社の名前は噂にならないのだ。要するに、業界団体をリードする会社に対する「批判勢力」が、政府という権力に対する「批判勢力」と結びつくという結果になっている。

批判勢力の健全な台頭は業界の発展につながるが、批判勢力の不健全な権力との癒着は、社会の破壊をもたらすのだ。

そのことを分からずに、一企業との癒着が噂される議員は少なくない。そして、そのことを否定はするものの、行動に表れていないのが現状だ。その内容が前掲の正森議員の質問になり、そのように疑われていてもなお、岡田興産の問題がのちに露呈する。事前にそれらのことを自ら清算するのではなく、マスコミ（岡田興産の事件は「週刊文春」が報道）に露呈されることが明らかになって、初めて国民に情報を開示するという状態である。

先に挙げた国会議員の「行為規範」を守っていないということは明らかではないのか。それをもって、他人を批判するというのはいかがなものであろうか。

業界批判勢力としての業界中堅と労働組合

そんな「国民の目」を向けられている民主党の政策はどのようになっているであろうか。やはり、批判勢力との結びつきが高い内容になっている。

経済社会での企業への批判勢力とは、要するに労働組合だ。イオングループの場合、労働組合の支持する政党と、企業が支持する（役員と血縁関係がある）議員の所属する政党が一致している。一部では利益相反の部分があるが、政治的には似通った部分も少なくない。残念ながらイオングループは現段階で売り上げが5兆円を超えているものの、業界第1位ではない。また、2009年3月期の決算では第1位のセブンアンドアイグループと差を広げられて、赤字決算を発表している。

民主党は、企業と労働組合の関係に関する政策がかなり多く出てきている。民主党の支持基盤の大きなものの一つが「連合」、「日本労働組合総連合会」である。1960年代後半から繰り返し志向されてきた日本社会党系の日本労働組合総評議会「総評」、民社党系の全日本労働総同盟「同盟」、全国産業別労働組合連合「新産別」、中間派だった中立労働組合連絡会議「中立労連」の労働4団体の統一を目指す「労働戦線統一」の動きで、1987年11月20日に55単産、組合員539万人を集めた全日本民間労働組合連合会（全民労連、「連合」。初代会長・竪山利文）が発足した。1989年11月21日に結成大会を開き、初代会長に情報通信労連委員長・山岸章を選出。総評系単産を加えて78単産、組合員約800万人を結集させ、労働4団体の統一を完成させた。これが「連合」である。

労働組合と業界批判勢力の利益につながる民主党の労働政策

労働者とその保護に関する政策は非常に多い。ただ民主党の問題は、バランス感覚がない点である。上記のように「業界の批判勢力と関係が深い」議員が多いために、全体のバランスを欠いた内容が少なくない。その政策通りにして業界全体が発展、または社会が発展するとは思えない政策ばかりが出てくるのだ。

「原則として全ての労働者に雇用保険を適用するとともに、雇用保険の国庫負担について、本来の額（原則4分の1）の100分の55としている暫定措置を廃止する」とあるが、雇用保険制度は、労使の保険料拠出と国庫の負担により、「自らの労働により賃金を得て生計を立てている労働者」について、失業時に必要な給付を行うことにより、生活の安定を図りつつ求職活動を支援するための制度である。このように「すべての労働者」に対して「国庫負担について、暫定措置を廃止する」というのはいかがなものか。一つには、単純な学生アルバイトや、イベントのスタッフのようなアルバイトも「すべての労働者」に含まれることになり、結局保険料の掛け捨てが増額される。新たな余剰特別会計を生むことになる。

同時に、国庫負担の暫定措置を廃止するのは、企業や業種別の検証も行われず、また、今後の雇用情勢に関する分析も行わずに数字だけのロジックになっている。民主党は後期高齢者医療制度廃止法案なども同じであるが、「廃止する」とは言っても、その後どうするかを示していない。「やめてから考える」では遅いのだ。その場合、企業や組合などの、再医療の余地が増えることになり、恣意的な判断が増える危険性をはらんでいる。もちろん、それを狙っている可能性も少なくない。ただ単に、バラマキや人気取りであるだけでなく、そのような業界団体全体の聴取ではなく、一企業や組合側からだけの聴取によって政策を考えている場合が少なくないのだ。そのためバランスが悪く、「廃止」だけを約する話になってしまったのである。将来を考えない政策が生まれるのは、このような「批判」を元にした政策の特徴だ。

「労働者派遣法の規制の強化（常用型以外の派遣、製造業務派遣、雇用期間が2カ月以下の労働者派遣の禁止等）」

「雇用保険の給付を受けられない者（長期失業者、非正規労働者、非自発的廃業自営業者等）

を対象に職業訓練を実施し、訓練受講中に月額10万円の手当を支給」「高校中途退学者の『学び直し』を支援し、また働きながら大学、専門学校に通うことによって就業中の職業能力向上（資格取得等）や転職等を視野に入れた職業能力の習得に係わる費用の一部を助成する」

などもそのような、業界全体の意見に踏襲されていないことが含まれる。

「製造者派遣の禁止」は、そのまま製造業に大きな負担になるが、一方でイオングループのような小売業などには従来のまま派遣業を残すということだ。そもそも労働者派遣制度には、派遣労働者の雇用が不安定であるなど様々な問題点が指摘されているが、一方で、働く時間を選択できることや、会社に縛られずに働くことができるなど、労働者派遣に対する労働者のニーズが存在するのも事実だ。現在の景気動向の中で、労働者派遣として働く機会を大きく制限してしまうと、多くの勤労者が失業する恐れがある。

「離職者支援制度」や「職業訓練制度」は、そもそも財源がはっきりしていない不安定なものであり、また、失業者が職業訓練の受講をもとに、10万円の給付とか、企業就業中での学校の留学の費用の一部を助成するとしている。岡田克也の経歴の中には「1985年に米国ハーバード大学国際問題研究所に派遣され、研究員として1年滞在」というものがあるが、それを民間にも金を出すというものだ。

しかし、考えてみれば、就業期間中の就学などは、会社が支援するのが当然である。なぜならば、そのことによってキャリアアップした場合、そのキャリアを活かすのは就業中の会社である。イオングループのように、その従業員数（パートを含む）が多い企業では、この助成金そのものがかなり多額の会社の利益になるのである。政策には何も記載されていないので不明であるが、この「職業能力向上（資格取得等）や転職等を視野に入れた職業能力の習得に係わる費用の一部を助成」は、いかにも労働者のキャリアアップを目指したかのように見えるが、実際は適用企業に対する助成金の枠が増えるだけである。助成金の支給の対象やその使用方法などを管理しなければ不正の温床になる。

また、イオングループは既に会社の経費でキャリアアップの習得を行っている。イオンということだけを考えれば、会社の経費で行っていたことを国に肩代わりさせるということになる。一企業だけではないかもしれないが、既にやっていることの国への経費付け替えである。

後に出てくるが、「非正規社員の均等待遇」ということをあわせて考えれば、長期パート従業員の多い企業への、キャリアアップに対する費用支払いを餌《えさ》にした従業員への忠誠心の強要と、それに対する利益誘導という批判は免れないであろう。

ましてや、政府がすでに補正予算案に「緊急人材育成・就職支援基金」として一般会計7０

00億円を計上し、雇用保険を受給していない者に重点を置いて、職業訓練、再就職、生活への総合的な支援を実施し、このうち、職業訓練に関しては約5000億円を充て、雇用保険を受給していない者の再就職を促進するため、3年間で35万人分の職業訓練を実施するという計画や、昨年度の一次補正予算により「橋渡し訓練」を創設し、就業経験が乏しいことにより、直ちに実践的な職業訓練を受講することが困難な者を対象として、3カ月程度の導入的な職業訓練を実施、また、働きながら自ら職業能力開発に取り組む労働者への支援として、雇用保険制度において教育訓練給付制度を実施しており、指定講座を受講した場合に受講費用の2割（上限10万円）を支給している、という現状をみていて、その審議を棚上げにして、解散を要求するなど同じようなことをしながら、わざと違う話にする手法は、何らかの隠れた意図があるように解釈される。単に政権奪取のための政局論ではないかもしれないのだ。

「経費増大で中小企業倒産」でも儲かる人がいるという構造

「中小企業に適切な財政・金融上の支援をしつつ、3年程度で最低賃金の全国平均1000円を目指す」「非正規社員も均等に待遇」という内容は、最低賃金を3年程度で全国平均1000円へと一挙に引き上げること、および、非正規社員の福利厚生やそのほかの条件面をすべて正規社員と均等に待遇するという政策は、中小企業等の経営が圧迫され、かえって雇用が失われる恐れがある。

そもそも、中小企業の経営の悪化は、大企業または中堅企業にとってはチャンスの到来だ。例を挙げよう。マイカルは、その前身である株式会社ニチイ設立の時分から、合併を繰り返して成長してきた企業だった。合併による含み益はカンフル剤のように、傾き掛けた企業を元気によみがえらせる。

私が手がけた京都厚生会の会社更生法申請に伴うM&Aを例に挙げれば、京都の18店舗の小規模スーパーマーケットを買収し、その後、同じマイカルの子会社で食品スーパーを展開していた株式会社ポロロッカと合併させた。このことにより、会社更生法の申請により無駄な負債が無く、逆に含み益をもっていた京都厚生会の利益により、ポロロッカの赤字を帳消しにし、ポロロッカを発展させることができた。もちろん、京都厚生会も規模の拡大に伴い、仕入れ原価の低減などメリットを享受できたのだ。

中小企業が倒産すると、そこには負債と同時に技術と優秀な従業員（手工業者などの技術者や新たな営業先を持つ営業マン）、そして、負債が無くなった資産が残るのである。

この状態の会社を「支援する」というのは、支援する側、つまり吸収する大会社にメリットが大きいものである。

ここの政策にある通り、中小企業を中心に企業の負担を求める、それも労働者という、人の生活権をかけた内容で企業の負担を増やし経営を危機に陥れるということは、企業体力があり、資金的に余裕がある大企業優遇政策になるということに他ならない。

その政策を、労働者の組織が支持するのであるから、中堅または現在の業界団体を牽引していない批判精神に侵された特定の企業を有利にする政策でしかない。

労働対策をするならばまず景気対策を

真剣に雇用政策を考えるならば、景気対策をまず考えるべきだ。景気回復のために何をするのか、それが大事なのである。

違う言い方をすれば、会社を倒産させない方策を立て、現在の雇用の維持、または新規雇用の開拓を考えるべきではないか。現状企業の経費を増やす政策を平気で発表し、経営を圧迫し、その経費増大による企業倒産には何らの責任も負わず、またその倒産対策やセーフティーネットに関する政策も出さず、人気取りのバラマキ政策を推進するのは、それを応援する勢力の影響が大きいはずだ。

岡田克也を例にとって、特定企業との関係が深い議員と、それに伴う政策の変化をみた。当然に、政策に関する批判は財源だけではない。このように影響勢力の利益誘導とも解釈される政策が、あたかも労働者保護などの人道的な見地で出されたかのように横行している。業界全体や社会の発展、または景気の回復を目指しているものではないという可能性も高いのだ。

　岡田克也は現在民主党の幹事長だ。これらの批判もふまえバランスのとれた、なおかつ日本全体、社会の発展を目指した政策をつくり、そして実行することができるのか。国民はよくよく見ていなければならない。

［第七章］

日本という国家の否定と外国人参政権の問題

「日本列島は日本人だけのものじゃない」

２００９年４月17日のことだ。当時の鳩山由紀夫幹事長、現民主党代表は、インターネット放送「ニコニコ動画」の生放送で次のように発言した。

「日本人は、他の国の人の血が入ってくるのを認めないという事態になっている。それは怖いですね。税金は払ってるんですから、参政権くらいは与える度量を見せろ。出生率を見ても海外に門を広げないと、国土を守ることもできない。定住外国人の権利は当然認めるべきだと思っております」

「日本列島は日本だけのものじゃないんですから、もっと度量を見せないと」

「そのうち皆様も分かってくれると思いますよ、もっともっとオバマ大統領みたいに心を広く持たないと。他国の人たちが地方参政権を持つことをなぜ？　だって韓国は認めてるし、韓国が認めてるのに日本が認めないのはおかしい」

インターネットでは、この鳩山発言への批判が相次いだ。しかし、大手のマスコミではなぜか、産経新聞以外はあまり大きく報道されることはなかったのだ。

鳩山民主党代表は「宇宙人」とあだ名されている。だが、あだ名はあくまでもあだ名であって、本当は日本人なのだから、このような「国（国家）そのものを否定する発言」は、政治家として適切なのか。私は「国の政務を執る人としての資格そのものに問題がある」と思ってしまう。「宇宙人だから許される」というはずもない。

この「国家を否定する発言」は民主党の様々な政策にも影響している。この発言そのものは、「在日外国人参政権」との関連でなされたものであるが、それ以外の政策、政治資金規正法や安全保障政策、さらには外交政策全般にまで影響を及ぼしているのだ。

最高裁における外国人参政権判例

では、日本における外国人参政権のこれまでの経緯を、最高裁の二つの判例からみてみよう。

外国人参政権に関しての最高裁の判例は「マクリーン事件」がもっとも有名である。大学生の「憲法」の教科書には必ず登場する判決であり、また、重要判例集などにも必ず掲載されている。法学部で「憲法」を履修した経験のある方は、一度は目にしたことがあるであろう。

マクリーン事件とは、アメリカ合衆国の国籍を有する原告ロナルド・アラン・マクリーンが、1969年に在留資格（在留期間1年）での上陸許可を受けて日本に入国した。この在留資格は語学学校の英語教師としての稼働許可であった。しかし17日間で入国管理事務所に届け出ることなく別の職場に勤務先を変更した。また、在留中にデモなどに参加した。

翌1970年に新たに1年間の在留期間更新の申請をしたところ、許可はなされたが活動内容は「出国準備期間」とされ、期間は120日間に短縮された。これを受け、マクリーンは在留期間1年を希望して再度の在留期間更新申請に及んだが、法務大臣は「無届けの転職」と「政治活動への参加」を理由に不許可とした。そこで、マクリーンがこの処分の取り消しを求めて法務大臣を被告として提訴した事件である。

外国人の人権あるいは政治活動の自由については、マクリーン事件における最高裁法廷判決により、「憲法第3条の諸規定による基本的人権の保障は、権利の性質上日本国民のみをその対象としていると解されるものを除き、わが国に在留する外国人に対しても等しく及ぶものと解すべきであり、政治活動の自由についても、わが国の政治的意思決定又はその実施に影響を及ぼす活動等外国人の地位にかんがみこれを認めることが相当でないと解されるものを除き、その保障が及ぶものと解するのが、相当である」と判断されている。

インターネットで大批判を浴びた鳩山発言

定住外国人の地方参政権が問題となった事件で、最高裁判所は1995年2月28日付けの判決において、

「公務員を選定罷免する権利を保障した憲法15条1項の規定は、権利の性質上日本国民のみをその対象とし、右規定による権利の保障は、我が国に在留する外国人には及ばないものと解するのが相当である」

「憲法93条2項にいう『住民』とは、地方公共団体の区域内に住所を有する日本国民を意味するものと解するのが相当であり、右規定は、我が国に在留する外国人に対して、地方公共団体の長、その議会の議員等の選挙の権利を保障したものということはできない」

として地方参政権を求めた原告の訴えを棄却した。

ただし、その際、次の通り、日本国憲法は定住外国人に対し地方参政権を否定はしていないので立法的施策が可能である、との傍論が付けられた。

「このように、憲法93条2項は、我が国に在留する外国人に対して地方公共団体における選挙の権利を保障したものとはいえないが、憲法第8条の地方自治に関する規定は、民主主義社会における地方自治の重要性に鑑み、住民の日常生活に密接な関連を有する公共的事務は、その地方の住民の意思に基づきその区域の地方公共団体が処理するという政治形態を憲法上の制度として保障しようとする趣旨に出たものと解されるから、我が国に在留する外国人のうちでも

永住者等であってその居住する区域の地方公共団体と特段に緊密な関係を持つに至ったと認められるものについて、その意思を日常生活に密接な関連を有する地方公共団体の公共的事務の処理に反映させるべく、法律をもって、地方公共団体の長、その議会の議員等に対する選挙権を付与する措置を講ずることは、憲法上禁止されているものではないと解するのが相当である」

これらの判決に素直に従えば、最高裁は、地方レベルでは許容説に立ち、国政レベルでは禁止説または一部許容説に立つことが窺われる。

同判決に対しては、これはあくまでも「強制連行された外国人など（つまり日本に住んでいるのが本人の意思でなく日本政府などによって強制された結果）」という前提の話であって、全ての外国人に対して立法措置が可能という意味ではないとの意見がある。

野党などが中心となって1998年10月に初めて国会に提出し、審議されるようになった。教職など一定の範囲の公務については外国人に就任を認める立法がなされている。一方、マクリーン事件および定住外国人地方参政権事件の最高裁判例より、国政レベルでの参政権は永住外国人に対して憲法上保障されていないとするのが通説的見解である。

日本の外国人参政権の実態

日本で外国人が参政権を取得するためには、日本国籍を取得すればよい。この権利は、外国人が日本国籍に帰化した場合（日本国籍取得者）も同様に保障されている。

日本の日本国籍取得者は、日本人と同様の選挙権（投票権）を持つ。既に日本に帰化している日本国籍取得者は国政選挙権・地方選挙権をともに持っており、参政権は全面的に認められている。よって「日本国籍取得者」と「帰化していない在日外国人」とは区別して考える必要がある。

日本における外国人参政権で論ずるべき人々は、日本国籍に帰化していない外国籍の者であって、日本に定住または長期滞在している者である。当然のことながら、選挙の時期にたまたま観光旅行に来ていた外国人に参政権を渡すことはない。日本人が異国に旅行したときにそのようなことを望まないのと同じだ。

また、当然のことながら、正当な権利に基づいて入国、定住または滞在している必要がある。違法な手段で入国した外国人に参政権を与えるわけにはいかない。昨今の「蛇頭」など、違法に就労目的で日本に上陸・入国する外国人も除かれる。これら以外の、要するに正当な権利に基づいて日本に定住している外国人で、日本に帰化していない人々が対象である。彼らも帰化を申請すれば上述と同様の扱いを受け、参政権を得ることができる。しかし、個々の事情から帰化をあえて選ばず、外国籍で居続けているため、参政権を得られていない。そこで彼らは、外国籍を維持しつつ参政権（主に地方選挙権）を得られるように要望している。この要望をどのように処理するかが、外国人参政権の問題である。

　ちなみに、日本の国会議員には、日本国籍取得者が4人存在した例を持つ。新井将敬（朝鮮から1966年に帰化。故人）、ツルネン・マルテイ（フィンランドから1979年に帰化。民主党参議院議員）、白眞勲（韓国から2003年に帰化。民主党参議院議員）、蓮舫（台湾から1985年に帰化。民主党参議院議員）の4人である。

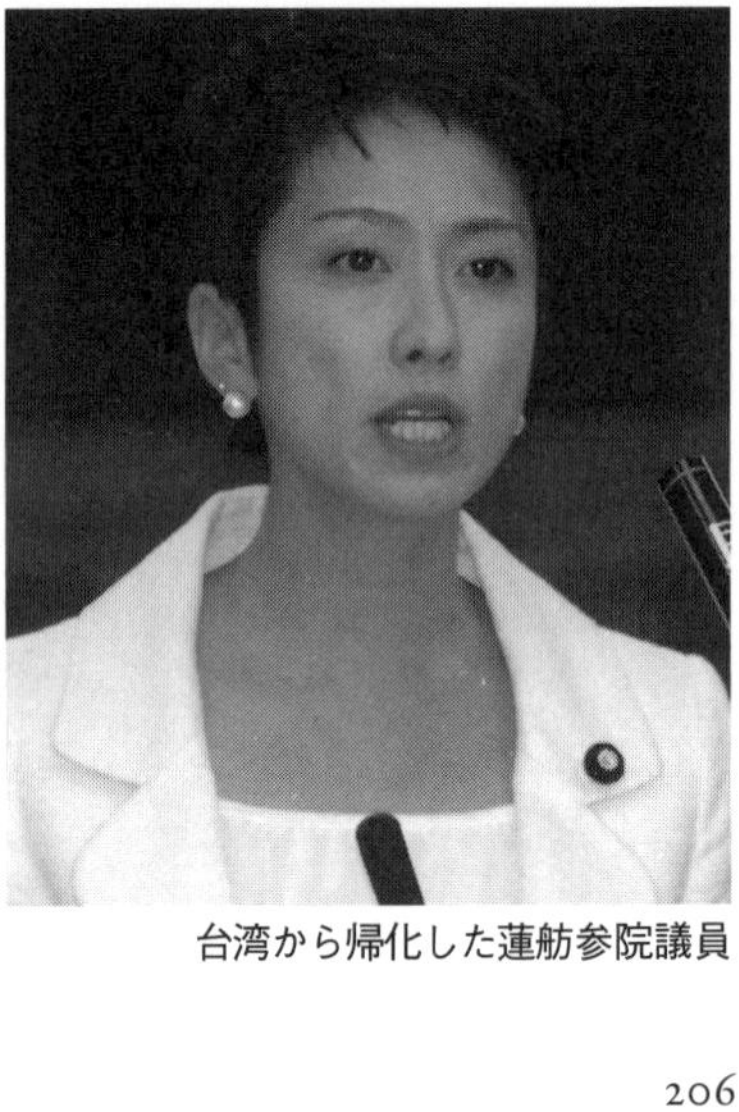
台湾から帰化した蓮舫参院議員

　日本国籍を取得すれば、当然に参政権だけでなく被選挙権も取得できるのだ。国会という場でもその例があるので、あえてこの4人の名前を記させていただいた。

　単純にこの話を見れば、在日外国人が、外国で生まれたということをもって、または日本で生まれた場合も、親などが国籍を変更しないということをもって、日本が好きであっても参政権を取得できないというのは不公平であるという論調もある。一方で、「帰化」「国籍取得」という方法があり、その方法が実質的に不可能であるなど、制度が形骸化していない限り、その権利行使をしないのは個人の自由であり、参政権がないのは自己責任の範疇《はんちゅう》であるという意見もある。

　この在日外国人参政権に関し、もっとも強く主張していたのは公明党である。しかし、与党になってからの公明党は、そのことを少なくとも法案や、与党代表者会議には諮《はか》っていない。

与党の外国人参政権付与への動き

　与党内の動きとしては、以前は日本国内の特別永住者（ほとんどが韓国籍または北朝鮮籍）に対する地方参政権付与は、韓国国内での特別永住者への地方参政権付与がなかったので、そこまで日本が先行する必要がないという考え方であった。韓国が特別永住者（少なくとも日本人の特別永住者）に参政権を付与した場合を前提にした互恵的制度として、日韓間で法案準備がされてきたのだ。しかし、その後韓国内で一度廃案が決まった経緯から、日本の自民党では、「すでに一度終わった話」だとする意見が多かった。

　その後、韓国内で永住外国人に地方参政権を与える法律が成立した。これに対し日本の自民党や民主党の保守派議員からは「韓国に永住する在韓日本人と、日本に永住する在日韓国人の数が違うということは、日本と韓国で政治（この場合地方自治体における行政を含む）に与える影響が違いすぎることなどから互恵的とは言えない」という反対意見が出ている。中には、地方参政権といえども、行政は憲法で決められたものであるから、当然に、憲法上の人権の範囲であり、外国人に付与するのは憲法違反だという反対意見も出されている。

それでも、最近では、自民・公明両党ともに在日外国人の地方参政権付与に関して積極的な意見も出てきている。公明党は党として外国人参政権に特に積極的であり、同党は永住外国人の地方選挙権の付与をマニフェストに掲げており、度々、その趣旨に沿った法案を国会へ提出している。２００9年現在までに法案を5回提出しているが、いずれも否決されている。自民党は党としての見解を表明していない。所属国会議員の多くは外国人参政権に消極的である。しかし、一部議員は付与に積極的な連立与党公明党と同調して容認する動きを見せている。だが現在のところ、政党として、または与党としてこれについての公式な見解は出されていないのである。

在日本韓国民団新年会で挨拶する白眞勳議員（民団ＨＰより）

民主党の政策としての「外国人参政権付与」

これに対して、民主党は外国人参政権付与法案を公明党の次に多く提出している。いずれも否決されている。結党時の1998年4月27日に発表された「基本政策」には、「選挙制度」の項目に「国民の声をよりよく政治に反映するため、一票の格差の是正を徹底するとともに、選挙制度を不断に見直す。政治に参加する機会を拡大するため、選挙権・被選挙権年齢の引き下げ、在外投票制度、定住外国人の地方参政権などを早期に実現する」と掲げている。

「2007年基本政策300」の中にも、「永住外国人の地方選挙権」として、「民主党は結党時の『基本政策』に『定住外国人の地方参政権などを早期に実現する』と掲げており、これに基づいて、永住外国人に地方選挙権を付与する法案を国会に提出しました」と記載している。

「外国人参政権付与」の党の公約に反対する民主党議員

しかし、民主党の中にも、この「外国人参政権付与」に関して慎重な考え方の議員もいる。民主党はこのような状況の中でも、意見の統一が見られないのが特徴だ。政党を統一した意見が出せないのだ。

2008年1月30日に結成された「外国人参政権付与に反対する民主党国会議員による勉強会」として、「永住外国人の地方参政権を慎重に考える勉強会」を民主党議員で作っている。この勉強会に参加している長島昭久議員は、自身のブログ「翔ぶが如く」の2008年1月28日付文書の中で、岡田克也副代表（当時）が会長で「在日韓国人をはじめとする永住外国人住民の法的地位向上を推進する議員連盟」ができることについて、「今回の議連の旗振りは残念でならない」とした上で、民主党の結党以来の政策である外国人参政権の付与に関して反対の論拠を掲げている。以下、その結論を抜粋する。

長島昭久衆院議員

『これまで見てきたように、どうしても参政権を行使したいというのであれば、国籍を取得していただくほかない。たしかに、現行の国籍法に基づく国籍取得（帰化許可申請）には、七面倒くさい書類提出が伴う。そこで、とくに、植民地統治という戦前戦中の負の歴史と切り離し難い在日韓国・朝鮮、台湾人といった「特別永住者」に限っては、帰化手続を大幅に緩和して、本人が希望すれば届出により日本国籍の取得が可能にする国籍法の改正（もしくは国籍取得特例法の制定）を提案したい。これは、従来の審査による帰化の許可とはまったく性格が異なるものだ。

また、「過去の清算」というのであれば、「特別永住者」という特殊な集団を固定化するような安易な参政権付与には慎重であるべきだと考える。それよりも、鄭教授が示唆するように、「日本人という枠組みを多様化する」ことによって、日本型の多文化共生社会を創り上げていくべきだと考える。その中で、70万コリアンの皆さんには、朝鮮半島の文化と伝統を脈々と引き継いで、日本の中に活き活きとしたコリアン・コミュニティを形成していって欲しいものである』（以上、長島昭久ブログ「翔ぶが如く」より抜粋）

このような反対意見があるにもかかわらず、民主党の推進派議員によって「在日韓国人をはじめとする永住外国人住民の法的地位向上を推進する議員連盟」が設立され、国会で法案を通すための活動をしている現代表の鳩山由紀夫、代表経験のある岡田克也や前原誠司他、民主党の衆参両院議員95人（衆院29人、参院36人）が参加している。

自民党と民主党の大きな違いは、反対意見があるということではなく、政党として公約に掲げるか否かということである。これでわかる通り、民主党は党内でコンセンサスが取れていなくても、反対意見を無視して公約に掲げ続けたのだ。

民主党組織ぐるみの政治資金規正法違反

では、民主党はどうしてここまで「在日外国人参政権」にこだわるのであろうか。非常に簡単である。支援を受けているからに他ならない。

民主党が結党以来行っている「サポーター（党員）」は外国人でも登録できるのである。民主党のホームページには「あなたも民主党に参加しませんか」として、

・民主党の基本理念と政策に賛同する18歳以上の方なら、どなたでもなれます。（在外邦人または在日外国人の方でもOKです）
・党費は、年間6000円です。
・資格期間は、お申し込み手続きが完了した日から1年間です。
・お申し込み手続きは通年、民主党の総支部でお受けしております。
・所属は、お申し込み手続きをした総支部になります。（総支部とは、衆議院・参議院の各議員、または公認候補者等を代表者とする民主党の地域組織です）

・党員は、代表選挙で投票することができます。
・党員は、民主党の運営や活動、政策づくりに参画することができます。
・党員は、民主党の広報紙「プレス民主」（月2回発行）が送付されます。
・党員の権利や活動は、民主党規約や組織規則・倫理規則で定められており、それ以外の義務やノルマ等はありません。

サポーターとは？

・民主党を応援したい18歳以上の方なら、どなたでもなれます。（在外邦人または在日外国人の方でもＯＫです）
・会費は、年間２０００円です。
・資格期間は、お申し込み手続きが完了した日から1年間です。
・お申し込み手続きは通年、民主党の総支部でお受けしております。
・所属は、お申し込み手続きをした総支部になります。
・サポーターは、代表選挙で投票することができます。
・サポーターは、民主党で主催する講演会や勉強会・イベ

一般党員は投票できなかった代表選挙

ント・選挙ボランティアに参加することができます。

民主党代表選挙への参加について
・代表選挙は2年に1度行われます。（2009年は、党代表選挙の予定はありません）
・代表選挙は、郵便投票による参加です。
・代表選挙に参加するには、毎年5月末までに、民主党本部に党員・サポーターとして登録されていることが必要です。
・党本部への登録は所属する総支部が行いますので、5月中旬までに、民主党の総支部にて手続きをお済ませ下さいますよう、お願いいたします。

と記載されているのである。

もちろん、「代表選挙で投票ができます」と書きながら、2009年5月の民主党代表選に、これら「サポーター」が参加していないのはだれもが知っての通りだ。

本書の主張の通り、民主党は平気で公約や有権者との約束、支持者の意図を裏切る政党であることがよくわかるのである。そして、それらを指摘すると「自民党だって……」と言って、なぜか他党を引き合いに出して責任転嫁をする。自己責任を全うできない政党であることもよくわかるのだ。しかし、政党をあげてこのようなことをするとはさすがにあきれる。

日本は法治国家であり、その法律の中には「政治資金規正法」がある。政治資金規正法第22条には、「何人《なんぴと》も外国人、外国法人、またはその主たる構成員が外国人、もしくは外国法人である団体その他から政治活動に関する寄付を受け付けてはならない」と規定されている。寄付を受けた者は3年以下の禁固または50万円以下の罰金と定めている。寄付をした側には罰則はない。

民主党はこの内容に関して、政治資金規正法違反に問われないのか。または、小沢一郎の西松建設不正献金事件のように、「それくらいのこと」と、自分たちが国会で立法した法律に関して、自分で平気で違反するという体質を民主党は持っているのであろうか。

民主党は「献金と会費は違う」と主張するが、そのような理屈が通るのであろうか。全く、「政治と金」という題材で民主党を研究すると、このような内容が非常に多いのに驚く。

スポンサーである韓国と民主党鳩山代表との約束

これら外国人の参政権付与という問題と、それが立法されていない現状において、外国人の政治献金を禁止した「政治資金規正法第22条」との兼ね合いに関して全く説明しないなか、鳩山由紀夫代表は2009年6月5日に韓国を訪問し、李明博大統領と会談している。

その内容に関しては6月5日の産経新聞のホームページに掲載された「鳩山氏外交デビュー危うさも」という記事から、該当部分をそのまま掲載する。

『だが、鳩山氏の外交デビューに民主党は内心ヒヤヒヤだったようだ。特に安全保障面で相手国に下手に言質を取られると政権交代後の混乱要因になりかねない。今回の随行団に前原誠司副代表や長島昭久衆院議員ら外交・安保通をずらりとそろえたのは、そんな懸念のあらわれといえる。

鳩山氏は地方参政権付与問題でも側近議員に「次期衆院選で保守層が逃げるので触れないでほしい」とクギを刺されていたが、危うい場面もあった。

李大統領は「鳩山代表は日韓関係や在日韓国人問題で進んだ認識を持っている」と褒め、言質を引き出そうとした。鳩山氏は直接的な言及を避けたが、「おかげで多くの民団（在日本大韓民国民団）の方々の支持をいただいている」と応じており、民団がかねて要望してきた参政権付与に踏み込んだと受け取られてもおかしくない。

また、会談で鳩山氏は李大統領に「一部に過去の侵略行為や植民地化を美化する風潮もあるが、私たちはそのような立場をとらない。私たちは過去の歴史を直視する勇気を持っている」と断言した。この言葉の重みは鳩山氏が政権をとった後しか分からない』

（以上、産経新聞のホームページ2009年6月5日）

この産経新聞の記事でわかる通り、民主党は、正式に「おかげで多くの民団（在日本大韓民国民団）の方々の支持をいただいている」とし、政治資金規正法に抵触する恐れがあるにもかかわらず、在日外国人からの支援を表明している。

それだけではない。「おかげで」という表現には、逆に在日外国人参政権という政策そのものが民主党の支持を取り付けるための「手段」であるというニュアンスも含まれているのだ。

韓国国内でも、この発言は非常に大きく報道された。「鳩山民主党代表は、在日韓国人に参政権を付与する約束をした」と報道されたのだ。

また、「一部に過去の侵略行為や植民地化を美化する風潮もあるが、私たちはそのような立場をとらない。私たちは過去の歴史を直視する勇気を持っている」という発言に関しても、韓国国内では一部インターネット上で「鳩山代表は新た

李明博韓国大統領と会談した鳩山代表

な戦後賠償を計画している」という憶測が飛び交っているのである。

日本人は民主党の公約違反に慣れているが、外交の場でのこれらの発言は日本国民全体の利害があるので、それらに関して鳩山由紀夫はどのように責任をとるのであろうか。あるいは責任を全く感じていないで、外交を日本国内の「政局の道具」としているのかもしれない。

「在日韓国人をはじめとする永住外国人住民の法的地位向上を推進する議員連盟」

外国人参政権に話を戻そう。

民主党には外国人参政権を付与するための議員連盟である「在日韓国人をはじめとする永住外国人住民の法的地位向上を推進する議員連盟」(会長岡田克也)があることはすでに述べた。

これは、呼びかけ人の次のような文書の配布がことのきっかけになっている。

2008年1月8日
民主党・在日韓国人をはじめとする永住外国人住民の法的地位向上を推進する議員連盟(案)

在日韓国人は日本の朝鮮に対する植民地化の結果、日本に居住するにいたり、戦後60年以上にわたって、地域の一員として生活を営み、地域にかかわる活動に積極的に参加するなど、地域社会発展に応分の寄与をするとともに、納税等の「住民」としての義務を日本国民と同等に果たしています。

しかしながら、彼らは「住民」として住んでいる自分の街を暮らしやすくするための意思決定の最も重要な手段である地方自治体選挙への参加の途がいまだ拓かれていません。そのことを踏まえ、すでに都道府県32件を含めた総数1237件の地方自治体において、永住外国人への地方参政権付与を求める決議が提出されております。

つきましては、在日韓国人をはじめとする永住外国人住民から地域社会の住民として永年にわたり要望を受けてきた永住外国人への地方参政権の付与のあり方を検討する必要があります。ちなみに最高裁判所は平成7年2月に「外国人永住者等の地方選挙権は、憲法上、禁止はされていない」との見解を示し、注目されました。韓国ではすでに、日本人を含む永住外国人住民に地方選挙権を付与しております。

我々は、在日韓国人をはじめとする永住外国人住民から地域社会の住民として永年にわたり要望を受けてきた永住外国人への地方参政権の付与のあり方を検討し、法整備がなされることを目指し「民主党・在日韓国人をはじめとする永住外国人住民の法的地位向上を推進する議員連盟」を設立します。

何卒、当議員連盟のご趣旨にご賛同の上、是非ともご参加いただきますよう、お願い申し上げます。

呼びかけ人　千葉景子／津村啓介／川上義博／白眞勲

この呼びかけの文書を受けて、議員連盟が発足した。その会長には岡田克也副代表（当時）が選ばれた。

会長の岡田克也は2008年1月30日の初会合で、

「この外国人地方参政権問題は、民主党としては長年の政策であり、悲願でもあった。私も政策責任者だったおりに、この法案を何度か国会に提出しながら、実現しないことに責任を感じてきた。党として、しっかり法案提出に持っていく。それがこの議連の役割だ。多様な価値観を認める日本の象徴が、この法案だ」

「実はこの議連を政局がらみという人がいるが、われわれは全く政局にしようと思っていない。マスコミの方で、（小沢）代表が何かかかわっているという報道があったが、そういうことも

推進派議連の会合（産経ニュースより）

一切ない」（2008年1月26日の「読売新聞」報道を受けて）と語っている。すでにこの時期に民主党内における亀裂が、在日外国人参政権付与の賛成派の中でも生じているということであろうか。

国際問題に発展する公約見送り

しかし、鳩山代表は、これだけの動きを民主党の中で示し、なおかつ韓国まで出向いていって在日参政権に関して約束をしたとみられる発言をしているにもかかわらず、次の選挙でのマニフェストに在日外国人参政権付与に関する政策を入れないことを表明している。

ここでもそうであるが、民主党は「支援」「金」さえ手にしてしまえば、なんでも後回しで公約を違反してもかまわないというスタンスである。

「健全なネットワークビジネスを育てる議員連盟」の項でも取り上げたが、民主党は、金と支援さえ受け取れれば、相手のことを考えない政党であると解釈されても仕方がない行動が多い。相手がどのような気持ちで支援し、どのような気持ちで献金をしているのか（外国人に関してはサポーター会費というが、実質的には政治献金であると思われる）を全く理解していないのではないか。

資本主義社会においては、資金の提供は無償のものばかりではなく、当然に見返りを要求するものも少なくない。見返りといえば犯罪の臭いをかぎ取る人が少なくないが、必ずしもそうではない。今回の在日外国人参政権などの政策に対して、その政策の表明が「見返り」ということもあり得るのであり、政治資金規正法（第22条）に違反していないのであれば、なんら問題のない、政策に共感したことによる献金である。

逆に、それを期待させておきながらマニフェストに載せない、政策として掲げないということは、そのまま相手の期待を裏切ることであり、公約を違反することである。そもそも、献金と支援のために方便で行ったのではないかという疑いも出てくる。

そうだとすれば、「最も差別しているのは民主党の議員」ということになる。要するに、その集団に対して差別的考え方を持っているから、資金をもらい支援さえ取り付ければ、あとは何もしないでよい、という感覚になるのである。

民主党が結党以来、在日外国人の参政権の付与を掲げていることはすでに述べているが、この政権奪取を目指す選挙の時にこの政策をマニフェスト（政権公約）から外すという行為は、完全な裏切りではないのか。

裏切っていても、平気でいられるのは、「上から目線」「差別扱い」と言われても仕方がないのではないか。

差別的な扱いであるから、それはほかの政策にも反映することになる。党内の統一も図れないことになるのではないか。千葉景子議員ほか、呼びかけ人の議員のような人もいながら、民主党の執行部は単にこれら政策を政局の道具としてしかみていないし、利用する道具としてしか考えていないのだ。

日本国という国家の存在を否定する民主党

それは「新しい国立追悼施設の設立」「重国籍容認《じゅうこくせき》へ向けた国籍選択制度の見直し」といった政策にも反映されている。

民主党は、靖国神社について、国家の機関である首相や閣僚が公式参拝することは、憲法で保障している「信教の自由」や「政教分離」に抵触する可能性があるとし、靖国神社参拝を政教分離に抵触するとして「新しい国立追悼施設の設立」を主張している。また、「重国籍容認へ向けた国籍選択制度の見直し」ということから、日本国の歴史や伝統、国柄、アイデンティティを解体しようとしている。

その表れが、この章の冒頭に記した鳩山発言であることは間違いがない。

「日本列島は日本だけのものじゃないんですから、もっと度量を見せないと」というのは、政権とか為政者とか、そういうレベルの問題ではない。

国家というものの構成要素は三つあるといわれる。「領土」「国民」「主権」である。日本だけでなく、一般的に国防、安全保障ということは、この三種類の国家というものの要素を守るために行うものと定義される。

鳩山代表は、民主党の幹事長時代とはいえ、国家の要素の一つ、「領土」ということを完全に否定したのだ。それだけではない。「重国籍容認へ向けた国籍選択制度の見直し」ということで、「国民」の要件ということを否定している。二重国籍によって国際社会が混乱しないために交わされた、そのような国際条約も少なくない。

「国民」とは「日本に国籍のある人」という意味だが、民主党の政策では「日本以外に国籍がある人も、日本人になり得る」ということを意味しているのである。

たとえて言うならば、定住外国人でなくても、アメリカや中国、韓国、北朝鮮にいながら、日本人としての国籍を「重国籍」として取得すれば、参政権が付与されることを意味する。それは外国にいながら、外国人が、外国の都合で、日本の政治に関して参政権を行使し、日本的な基本的人権に関する権利行使を日本国政府に対して要求することができるということを意味する。現在の「日本人」に不測の損害を与える可能性が非常に高い政策である。

そして、「主権」に関する内容だ。参政権は基本的人権の一つと考えられているが、人権は法令により付与されるのではなく、人として存在するだけで必然的に発生する権利とするのが通説である。私が法学部で学んでいたころの話であるが、外国人参政権に関しては、憲法上、外国人に参政権を認めることは禁止されているという禁止説があり、これが伝統的な通説となっていた。民主党はこの「主権」に関しても「長年の政策であり、悲願でもあった」(上記岡田発言より)として、変更を要求している。

要するに、鳩山代表の主張する「友愛社会」の実現とは、「日本国という国家の要素を全て否定する政策」ということができるのではないか。これは、そもそも政治家としての資質の問題である。

「友愛社会」という言葉が、フリーメーソンという国際結社の概念に近いという指摘がインターネット上でかなりされているが、それら国際組織の存在を「支持」「不支持」ということは今回は関係ない。問題は、それら国際組織であれ何であれ、国家という概念を否定することが許されるのかということだ。

「ボーダレス」社会はありがたいことかもしれない。特に経済活動に関してはそうかもしれない。しかし、政治に関して、国家を否定するのは許されることではない。鳩山氏は「地球連邦」などを標榜しだすのであろうか。そうであるならば国連にでも出向いて、国際的なコンセンサスを取り付ければよい。もちろん不可能であるとは思うが……。

憲法問題でありながら憲法審議会を開かない矛盾

逆に、国内でこれらを考えるのであれば、憲法の改正に踏み切ればよい。憲法でそのような「国家の三要素である領土・国民・主権を否定する」と規定されれば、だれも異論はない。

私は日本国を否定するそれらの政策には反対するが、国民投票を行えば、そのような「亡国論」も通るかもしれない。民主党が次の総選挙で過半数を取れば、それらが見えていないか、国家の三要素を否定する有権者がいかに多いかということだ。

しかし、2007年5月に国民投票法が成立し、衆参両院に「憲法審査会」を設置することを立法府として決定した。同年8月には規定通り衆参両院に憲法審査会が設置された。それにもかかわらず、具体的に審査会として機能するために必要な委員数や定足数などを定める憲法審査会規程（仮称）が、民主党など野党の反対により制定されないため、その後2年もの間、憲法審査会は開かれていない。国会議員自らが法を破る「違法状態」が続いているのだ。2009年5月3日の憲法記念日に「憲法記念日にあたって（談話）」として民主党政策調査会長直嶋正行名で談話が発表されているが、その中では、

「落ち着いた環境のもとで、じっくり腰をすえ、与党だけではなく、主要政党が合意した上で議論を進めることが、憲法を議論するための土台です。選挙公約に新憲法制定と掲げるだけで

は憲法の議論は成り立ちません。このことを与党、とくに自民党は肝に銘ずるべきです。なによりも、民意を反映していない議論の場で拙速な改憲論議をおこなうことには、国民の信はありません。まずは国民の意思を反映した国会議論の場を作ることこそが急がれていることは論を待ちません。

国民参加の憲法論議を高めるためにも、速やかな解散・総選挙を行うことが必要であることを、憲法記念日に当たってあらためて申し上げます」（談話内より抜粋）

として、憲法改正の論議ですら政争の具にしているのである。公益法人に関する自民党細田幹事長からの質問に対しては「国会で議論する」としていながら、憲法に関しては「国会で議論をせず解散総選挙を速やかに行う」ことを求めるのだ。

この態度の一貫性の無さは、いったいどういうことなのであろうか。

日本国を否定する人を代表に選ぶ民主党の不見識

私は、個人的には在日外国人の参政権（地方参政権を含む）に関しては慎重派ではあるものの、頑なに否定するものではない。問題は、憲法の解釈の問題なのである。

日本国憲法には「地方自治」という章が存在する。その中で、国民の主権である参政権を論じるのは、あくまでも憲法的な解釈であろう。そのためには速やかに憲法審議会を開催し、その解釈を求めなければならない。問題点は「在日外国人」の定義であり、その「権利行使の範囲」である。それらの定義がはっきりしなければ、安易な公約も出してはならないし、政策にもならない。

一方で、この問題をめぐる民主党の対応は、憲法問題であるにもかかわらず憲法審議会を引き延ばすは、何のコンセンサスも取っていないのに韓国の大統領と安易に約束をしてしまうは、という迷走ぶりだ。

それどころか、完全に「国家」というものを否定する政党であることが明らかになった。時期的なことを勘案すれば、民主党は「国家の要素を全て否定する政策を打ち出した人物を、その発言から1カ月後に党の代表に選出した」ということだ。これは、政権とか政策といったレベルの話ではない。政権も政策もすべて、国家があって、その国家の方針を決めるものであるが、民主党はその前提となる国家を否定したのだ。

それは、もはや鳩山代表個人の問題ではない。その人物を代表に選んだ民主党という政党とその支持者全てに言えることである。

「世界は一家・人類はみな兄弟」は日本船舶振興会（当時）の笹川良一会長（故人）の標語であり、私が小さい頃に、テレビコマーシャルでよく流れていたのを思い出す。笹川氏個人や船船振興会への評価はこの論調には関係がない。しかし、これらの標語の内容も、まずは「日本国」がしっかりしているから世界に発信できるのである。国家というものを完全に否定するのはいかがなものか。

民主党の党大会では国旗掲揚も、国歌斉唱もないという。

私は今までにブログや著書で、民主党だけでなく、すべての政治家に対して政策で闘うことを求めてきたが、民主党に関しては政策を求めるよりも先に「日本国の定義」を求めるべきなのであろう。

このことはもっと多くの国民に知ってもらい、広く議論すべきではないだろうか。

［第八章］

批判精神からは何も生まれないということの実証

民主党の疑惑とその犠牲者

前章までに記したほかにも、民主党には疑惑がかなりある。秘書給与の疑惑などはかなり大きな問題である。

また事件も少なくない。永田寿康議員（故人）の「ガセネタメール事件」などはまだ記憶に新しい。故人に鞭打つような論評は日本人の美意識としてあまりよいものとは思えないので、永田議員に関してはその背景を含めて、あえて私は触れなかった。

私の個人的な意見では、永田議員は「政局論一辺倒」の民主党の方針の犠牲者だと思う。議員が予算委員会で質問を行うにあたって、その質問に所属政党が全く関与していないなどとはとても考えられないからだ。

本書にも一章を設けて検証した「健全なネットワークビジネスを育てる議員連盟」の事件と同じで、事件になると一人の政治家をやり玉にあげて責任をとらせ、関係した他の議員は責任転嫁して何ごともなかったように議員活動を続ける。そのようなことをしながら、支持者を裏切ってきた民主党の姿がここにあるのだ。犠牲にされた議員にとっては、何だかわからない間に政党という集団主義の中で悪者に仕立て上げられているということだ。

そんなギャップにさいなまれながら、不遇な生活を送っている民主党の元議員は少なくない。この場を借りて、永田議員の冥福を祈ると同時に、それら不遇な立場に追い込まれた民主党の元議員に対してエールを送りたい。彼らこそは支持者の気持ちを分かり、その公約を守ろうとした議員である。反対に、民主党に残っている議員のほうが真の極悪人なのだということが、これらの疑惑の取材を続けているうえで分かった事実である。

間違ってはいけないが、自民党に疑惑がないとは全く言っていない。自民党の議員にも疑惑を持つ人は少なくない。しかし、マスコミはニュース性を重んじるあまり、どうしても「与党のスキャンダル」を探して報道する。そして、そのニュースの価値を高めるため、そして多方面の意見を集めたというマスコミの自己満足のために、同じようなことをしている野党にコメントを求め、自らの行為を棚に上げた彼らの発言、コメントを発表するのである。

その典型例が「年金未納問題」である。当時の福田康夫官房長官をやり玉に「未納3兄弟」と、当時流行の「だんご3兄弟」という童謡になぞらえて国会で大々的に糾弾しながら、その発言をした菅直人本人が年金未納であったという、実に間抜けな事件であった。

これらを評して民主党を「ブーメラン政党」という。自分で発言し、社会問題化させて自民党を攻撃しても、その内容が必ず自分、要するに民主党の議員、それも幹部に同じ問題が発生するというものである。

私はただ単に、民主党を批判しているのではない。私の主張は、政治家である以上、政策をはっきりさせて闘うべきであるということだ。

政局論一辺倒になるのではなく、政策を出すこと、それにより、将来の日本の姿をはっきりと示すのが政治家の本分である。その政治家としての本分もできないで、政権奪取などとは言わないでほしい。

ましてや第七章で記載したように、国家の三要素である「領土」「国民」「主権」を否定するような発言をするのは、そもそも政治の場にふさわしいのかどうかということだ。少なくとも自民党において、これら国家の根幹に関する問題になるような話はない。安全保障などに関して行き過ぎた発言がある場合もあるが、国家の要素を否定するという話など聞いたことがない。

民主党新体制の行方、「公約」と「現実」のきしみ

ここで、民主党の政策に関する興味深い記事を見つけたので紹介したい。「民主党解剖・新体制の行方『公約』と『現実』のきしみ」と題された産経新聞（2009年6月3日）の記事である。いささか長くなるが、注目に値する記事なので全文を引用する。

政権奪取後を配慮

鳩山由紀夫を代表とする新体制の発足後、初めて国会内で開かれた2日の副代表会議。メンバーの一人、前原誠司はこう指摘した。

「次期衆院選のマニフェスト（政権公約）で大風呂敷を広げると、政権を取った後で問題になる。来年夏には、参院選もある。衆参両院で勝つ戦略を考えた方がいい」

この発言に強い反論は出なかった。ようやく政権の座に手が届く場所にたどり着いたことで、民主党は今、現実路線を迫られ始めた。

自民党との対立軸を鮮明にして、政権交代を実現する際には、マニフェストは「最大の武器」になる。それだけに慎重に吟味されなければならない。鳩山に近い中堅は「数字まできっちり書き込むと、政権獲得後に手足を縛られてしまう」と前原に同調する。

民主党は3日には、マニフェスト検討準備委員会（委員長・政調会長の直嶋正行）の初会合を開いた。中学生までの子供を対象に月額2万6000円を支給する「子ども手当」など、平成19年7月の参院選で掲げた看板政策と、約19兆円規模の財源に関する工程表の取りまとめ作業を行った。

代表代行、小沢一郎が代表時代のマニフェストは、政府・与党から「バラマキ」との批判を浴び、党内にも「財源があいまい」との懸念があった。

この点は小沢自身、周囲に「財源は政権獲得後にどうとでもなる」とはばからず、脇に追いやっていたのが実情だった。

鳩山色は出せるか

「(従来の工程表を)精査し、現実として妥当なものにする作業が残っているが、それほど多くの日数はかからない」

鳩山は2日の記者会見で、月内のマニフェスト取りまとめに自信をみせた。だが、実際はそう簡単なものではなさそうだ。

財源問題をぼかしたまま拙速な取りまとめに走れば、付け焼き刃との印象は避けられず、民主党への国民の懸念は払拭《ふっしょく》されない。一方で、世論にアピールする「おいしい」政策も欠かせない。政策の細かい詰めの作業は後回しにし、政権交代だけを最優先させた小沢流を踏襲するか、政権担当能力をきちんと示して新しい鳩山色を打ち出すか。そのはざまに立っての逡巡《しゅんじゅん》は続く。

「内需を拡大させる。国民の購買力を高め家計の2割アップ作戦を展開する」

5月16日、都内のホテルで行われた代表選討論会で、鳩山は新たな経済政策を訴えた。だが、会場を埋めて聞き入った所属議員らには、新鮮味のある政策とは聞こえなかったようだ。

「小沢さんが次期衆院選に向けて温めていたキャッチフレーズを、鳩山さんが代わりに掲げてみせただけ」(中堅)と見透かされていたためだ。鳩山らしさが色濃く出たのは「友愛外交」のスローガンと、「北方領土の全面返還を目指す」決意ぐらいだった。

「幹事長の岡田(克也)さんとよく連携するように」

役員人事を正式に決定した5月19日夕、直嶋からマニフェスト作成状況について報告を受けた鳩山は、何も具体的な指示は下さなかった。幹事長として3年間にわたり小沢を支えた後の代表就任なだけに、小沢代表当時にできたマニフェストに異論を挟む余地は最初からなかったのだ。

参院の猛反対

とはいえ、「政策ロボ」と言われる岡田が、財源をあいまいにしたようなマニフェストをすんなり了承するのか。鳩山が岡田との調整に手間取れば、マニフェストの取りまとめは大混乱しかねない。案の定、岡田は5月下旬、直嶋と会談した際、こう首をかしげた。

「もうちょっと財源をはっきりさせられないかな」

また、鳩山、岡田がそろってマニフェストに盛り込む考えを表明した参院の定数削減問題も火種となっている。3日の参院民主党の議員総会は、それを強く予感させるものだった。

「国会議員を減らせば国民が喜ぶと思っているのか。立法府の議員の数を減らして国民が安心するか。官僚任せになるだけだ」

副代表、北沢俊美は定数削減に真っ向から反対を表明した。このほか総会では、「衆院議員の党幹部が決める話ではない」などと、北沢の意見に賛同する意見が出た。

これに先立つ5月26日、岡田から参院の議員定数削減の検討を要請された参院議員会長、輿石東は、早くも側近議員に「削減の方向は出せるだろうが、削減数をまとめるのは無理だろう」とこぼしている。定数削減問題は骨抜きになる懸念が出ている。

「小沢さんだったら、参院の定数削減に口出しはしなかっただろう。鳩山さんは、どうして軽々しく口走るのだろうか」

小沢に近い参院幹部はいぶかる。マニフェストの行方は、「次期首相」としての鳩山のリーダーシップを占う試金石ともなりそうだ。（敬称略）

以上がこの産経記事の全文である。

記事の冒頭に、「前原誠司はこう指摘した。『次期衆院選のマニフェスト（政権公約）で大風呂敷を広げると、政権を取った後で問題になる。来年夏には、参院選もある。衆参両院で勝つ戦略を考えた方がいい』この発言に強い反論は出なかった。ようやく政権の座に手が届く場所にたどり着いたことで、民主党は今、現実路線を迫られ始めた」と書かれている。

要するに、今まで民主党が「マニフェスト」「政策」といったものは、結局、「どうせ野党だから、どんなことを言っても責任は回ってこない」という無責任なものであったということを示しているのだ。逆に言えば、小沢代表時代から30％前後に迫る支持率の有権者は、このようないい加減な政策を支持していたことになる。これが政治家のすることであろうか。

本書の中では「民主党は公約を平気で違反する」と書いてきた。その集大成が、この新聞記事にうかがえる。はじめから守るつもりも実行するつもりもないから、具体的な政策を出してこなかったということだ。その「実現可能性の少ない」「実現する意思のない」政策で支持を広げてきたのは、国民に対する背信行為でしかないのではないか。そのような政治を許すことができるのであろうか。

実現可能性がない批判政党であった民主党

それにしても、今回の民主党のマニフェストには注目すべきである。結局、具体的に議論できることは何もないということになりはしないであろうか。このような新聞記事が出ると、結局のところ、「実現可能性がない批判政党であった」ということが明らかになる。

本書では「批判精神」ということをあげてから、民主党を研究してきたが、現在の批判勢力の中心は民主党である。その民主党は、批判精神で支持を広げたことに関して、政権奪取が現実味を帯びてきた状況で足踏みを余儀なくされたのだ。

第一章でも述べたが、「批判」とは、だれかが成し遂げたり、提案したものに対してあれこれ言うことである。ゼロからものを作り、具体的にそれを実行することが最も重要であるにもかかわらず、その苦労をせずに批判に徹しては何の意味もないのだ。

批判からは何も生まれない。何かを生み出すのは想像力と実行力であり、批判は大して重要ではない。批判を中心とした内容であれば、結局「何もしないのがもっともよい」という結論に達してしまう。

政治の世界ばかりではない。批判、要するに否定的な考え方は、極度の行動抑制に通じてしまう。企業であればいわゆる「じり貧」になり、そのうち時代に取り残されて、倒産してしまう。そのことが日本でも具現化した。批判精神を原動力に政権を握った細川内閣と羽田内閣の「無策」(実際は政策があっても、反55年体制の批判勢力をもとにした政権であったので、連立与党内の調整がはかどらず、政策を打ち出すことができなかったのかもしれないが)の「327日間」によって、日本経済の「失われた10年」が起きるのだ。それが影響して未曾有《みぞう》の不景気が日本を襲い、結局、2008年末の派遣切りなどの結果となる。

「歴史にイフ《もしも》はない」というのは大原則である。「もしも」を言った瞬間に、歴史はフィクションになってしまうからだ。その原則は現代史でも同様であろう。しかし、どうしても考えてしまうのは、もしも「失われた10年がなく、1993年の段階（バブル崩壊の初期）に適切な政策が打たれていたら」ということだ。「100年に一度の不景気」も、世界同時株安も、日本は無縁であったかもしれない。

民主党は当時の連立政権のメンバーがいまだに主体となっているが、そのマニフェストに1993年の細川内閣の反省が反映された政策が存在しないのは非常に残念だ。結局は、「批判精神」「自民党（自公連立政権）批判による政局論の展開」でこれまで来てしまっている。

「批判精神」に押されている自民党

一方の自民党もしっかりしてもらわなければならない。55年体制当時から含めて、自民党の政治は野党との「妥協の歴史」でもあるといえる。その最たるものが「村山談話」の承認であろう。

懸賞論文で有名になった田母神俊雄元航空自衛隊幕僚長が、幕僚長を退任後さまざまなところで憂国論を掲げて講演活動をしている。著書も多くの読者を獲得している。

私も講演を聴いたことがあるが、田母神氏は「自民党は、政策を通すために野党と妥協をしてきた。自民党は左傾化することによってその政策を維持してきたのです」と言っていた。必ずしも事実ではないかもしれないが、そのような傾向が見えないわけでもない。

田母神氏の意見に関しては賛否両論があり、私自身も、彼の意見に関して共感できる面もあるが、元航空幕僚長という立場での発言はいかがなものかと思うものもある。しかし、この「自民党の左傾化」に関しては、何となくわからないでもない。

自民党は、その長い歴史の中で左傾化してきたために、その政策がほぼ中道化してきてしまっている。「無難」ということなのかもしれない。逆にいえば、民主党は自民党を批判するにあたって、左右から攻撃することができるのだ。民主党が「烏合の衆」とかつて揶揄《やゆ》されたのはそのことだ。元自民党竹下派のタカ派と、社会党左派の集合体は、中道化した自民党より優れているかもしれない。そのことは、現政権への「批判精神」としては多方面からの検証ができることになる。

しかし、自分で政権を握り、具体的な政策を行うには「左右の視点の集合体」はかえって国民を混乱させる。その前に、民主党の党内で統一された意見が出せないということになるのだ。まさにその通りになっているのは、国民のだれもが感じていることである。民主党の支持率の大部分は「自民党への批判」であり、民主党の政策への支持ではない。そもそも、具体的に実行可能な政策を出していないことを副代表の前原誠司自身が認めていると報道されていながら、その政策に期待するということは、論理的に破綻している。

本来政治家は政策があって存在しているもの

私は「日本論語研究会」という勉強会に出席している。この会は夏休みを除く毎月一回、慶応大学三田校舎で開催されている。インターネット百科事典ウィキペディアでは、「論語の教えでもある『言行一致』を実践する学びの場を提供している。同会は小林節・慶應義塾大学教授が顧問をつとめ、8月を除く毎月1回、土曜日の夕方に慶應三田キャンパスにて開催されている。これまでに番匠幸一郎・防衛省陸上幕僚監部防衛部長（初代イラク人道復興支援群長／陸上自衛隊幹部候補生学校長）や加藤良三・プロ野球コミッショナー、山本卓眞・富士通名誉会長ほか多くの著名人が講師として講議を行っている」とある。

会費は300円で予約も要らないので（2009年6月現在）、誰でも安心して参加できる。当然に、私は一聴講生として講義を受ける立場である。『論語』に限らず、世情の様々なことに関して著名な講師が話をしてくれる。

その会で、2009年6月6日に山田秀雄元警察庁長官が、「日本をよくするために」というテーマで講演をされた。

私が非常に感銘を受けたのは、「選挙が近くなってマニフェストを作文しているが、本来政治家は政策があって存在しているものであるから、普段からマニフェストがなければならない。

政策がなく政治をしていることは非常にけしからん」との主張であった。

まさに正鵠《せいこく》を射ており、全くその通りだと思う。「漫才師が政治を語ったり、芸能人が政治を語ることで世相が乱れる。漫才師は漫才をやっておればよい」というのも、まさにその通りであろう。

「政治家や漫才師は、政治を語る前に、そもそもその人がどういう素姓の人でどういう考え方を持っているのか表明してからやらなければならない。面白いからとか、視聴率がとれるからと言ってそのような不安定な情報を垂れ流して大衆を惑わすのは良くない」

というまさに正論である。マスコミの報道姿勢や総バラエティ化の傾向を含めての発言は、メディアに籍を置く私には、非常に身につまされる講義であった。

この内容は、民主党の政治家にもそのまま当てはまるのではないだろうか。

民主党には「政治綱領」がない。批判しかしない政党には綱領はいらないとまでは言わないが、山田秀雄氏の話にあるように、普段から基本となる政策を有しないというのでは、政党として何を目指しているのかさっぱり分からないではないか。

鳩山代表が5月27日の党首討論で「政権交代はスタートラインだ」といくら言ってみても、スタートした民主党政権がどこに向かって進むのかは誰もわからないのだ。

民主党の「ままごと遊び」に付き合わされる日本人

何度でも繰り返しておこう。「批判精神からは何も生まれない」ということは、誰でもわかっている。政治家である以上、具体的な政策と、政策の具体的な進行状況の内容を争うべきであり、政局論や実行不能な政策論をあげつらって物事を話すべきではない。同時に、「公約」は守るから「公約」なのである。本書でいくつも紹介したように、公約を違反して責任を転嫁しているようでは、政権を取ってから先が思いやられるのである。それは漢字が読めず、カップラーメンの値段を知らない首相よりもずっと深刻な問題である。

今は100年に一度の未曾有の不景気である。そのような「ままごと遊び」で貴重な時間を空費していることはできない。そのようなことをしている場合ではない。そんなことで時間を空費していては、日本そのものが崩壊して沈没してしまうのである。

そのことは、彼ら政治家や民主党の崩壊を意味しているのではない。国民生活の破綻を意味するのである。

結局、民主党の批判精神に従った「政局遊び」のツケを払わされるのは国民一人ひとりと、将来の有権者である子供たちである。それも、鳩山代表のように、日本という国家そのものを否定するようでは、それらの議論でさえ虚《むな》しいだけかもしれない。

批判のための空費する時間と税金

批判のための批判の政治は、それだけで国家の無駄である。２００４年6月4日の参議院本会議で、年金制度改革関連法案の成立を阻止するため、参議院厚生労働委員長の解任決議案の提案趣旨説明で、民主党の森ゆうこ議員が、3時間1分にわたる「フィリバスター」（長時間演説による抵抗戦術）を行って、国会における最長演説記録を更新した。

一部のメディアは、この記録を高く評価した。しかし、その内容は「知性も理性も教養も恥じも外聞もない」酷いものだった。翌日の朝日新聞の社説も「身の上話や議事録の棒読みで時間を稼ぐなど、中身は薄かった」と述べている。

そもそも、民主党がよく使う「審議拒否」というのはどういうことであろうか。民主党は気に入らないことがあると、すぐさま審議拒否する。「意見が違うから」「答弁に不満だから」といった理由でボイコットするのには呆れるばかりだ。２００５年の郵政民営化法案を巡っても、自分たちの党内事情で対案が出せないという弱みからか、社民党と一緒になって審議拒否を続けた。この傾向は、２００７年の選挙で参議院過半数を取って、より強くなった。同意人事の否決なども含め、審議拒否の回数は異常なまでに多い。

審議拒否は、かつての55年体制下において、野党第一党の社会党が自分たちの要求を呑《の》ませるために用いた「古典的な国会戦術」である。ところが小沢氏が代表になって以降も、こうした時代遅れの愚策を堂々と繰り返しているのである。

審議拒否の期間も、国民の血税が国会運営のために支出されている。国会の一日の審議にかかる経費は数億円と報道される。国会議員は国会で審議すべきである。要求が通る、通らないは別として、多数決が原則の議会制民主主義である以上、そのことを審議前から言うのは実におかしい。

国会審議を拒否するのは「ストライキ」という意味合いがあるのかもしれないが、単純に「職場放棄」である。考えようによっては「審議」という立法府の代議員の本来の職務をしないのであるから、「職務放棄」なのかもしれない。

一般の企業で、少数派の社員が同じようなことをしたら、簡単に解雇事由となる。長く続ければ、あっという間に解雇だ。ましてやそこに経費が使われているとなれば、なおさらだ。世の中全体が不景気で経費節減と言っているご時世に、いかにも与党などほかの事情が悪いかのごとく責任転嫁し、経費を無駄に使い、そして仕事を休んでいるのは許されるこ

民主党の審議拒否で血税を無駄にする衆院本会議

とではない。

同意人事への不同意も同じだ。しっかりとした理由があるのであれば、理解はできる。しかし、理由もなく政局論で同意人事を否決するのはいかがか。否決するならば、代替案を示せばよい。「マッチポンプ」とはこのことであろう。

自分で審議を拒否し、自分で同意人事を理由なく否決しながら、政府を批判する。これはただ単に国会の審議の中断をし、国民の税金を無駄に使い、そして、国会を混乱させるだけだ。そのようなことをしている暇があるならば、さっさと審議をし、その違いを明確にし、政策論を展開すればよいではないか。

しかし、今の民主党はこれまで述べてきたように、まともな政策論を出せないでいる。今まで政局論を展開する都合で安易に様々なところと約束してきたものがすべてアダになり、二律背反のものが出てきたり、実行可能性が極めて低いものが出てくるのだ。

外国の信用を失いかねない危険な民主党外交

しかし、そのような安易な政策合意の体質は変わらず、2009年6月5日に、鳩山代表は韓国の李明博大統領と安易な合意をしてきている。政権を取ったのちはどのようにして、だれに責任転嫁するのか。あるいは、公約違反するのか。

いずれにせよ、外交の場でそのようなことをするのは、日本全体の国益を損なう。日本という国家と日本人全体の信用を失い、外交と貿易に頼らなければならない日本の根幹を揺るがしてしまう。

民主党の直嶋正行政調会長は6月1日、日本経団連との会合で「予算の使い方を抜本的に変えることで（民主党が主張する）政策実行のための財源捻出は可能だ」と述べ、経済運営の基本について、「輸出依存型から内需主導型に転換する必要がある」と強調した。

しかし、外交上の信用を失っては、いかに内需を拡大してもどうにもならない。そもそも、日本は食糧の60%、資源の96%を輸入に頼っているのだ。それら生活の根本となるものを輸入に頼っている中で、内需主導型などと言ってもどうにもならない。今から一朝一夕に食糧自給率が100%になるわけでもないし、そもそも地下資源に関しては、日本がどれだけ努力してもどうにもならない話だ。

「批判精神からは何も生まれない」

政局論に傾斜し、「審議拒否」「参議院不同意」という話をちらつかせながら、自分の要求を通してゆく姿。そして、その根本は、実現可能な政策を今から論議するという前原誠司副代表の話のような政策を押し付けるのは、まさに核ミサイルで世界を脅しながら、「駄々っ子のような交渉を行う」北朝鮮と酷似している。

その意味では、国家の根本を否定する「友愛社会」は理が通っているのかもしれない。しかし、それは、日本国という存在の根本的な崩壊を意味するのだ。

改めて言おう。「批判精神からは何も生まれない」

そして、「その批判精神から生まれた政局論」にだまされてはいけない。

政治は政策をもって判断すべきであり、政策はその実行の可能性で図るべきである。民主党は、それを望む国民の要求に応えられるだけの政策を国民に示していない。

日本人よ、目を覚ましてほしい。

日本人よ、だまされるな●おわりに

『民主党の闇』と題して、批判精神に取りつかれた民主党の姿に本書ではスポットライトを当ててみた。

当初、私は、『だまされるな！　日本人』という書名で本書を出そうと思っていた。しかし、読んでいただいてわかるとおりに、民主党は「政権交代」という呪縛《じゅばく》に取りつかれて、自分たちでも「国民をだましている」という意識がないのかもしれないと思う。

第二次世界大戦を引き起こしたといっても過言ではない団体として、ナチス・ドイツを挙げる人は少なくない。そのナチス・ドイツの国民啓蒙・宣伝大臣パウル・ヨーゼフ・ゲッペルス（Paul Joseph Goebbels）は、「宣伝を宣伝と気づかせない」ことを旨とした。「宣伝したい内容を直接キャッチフレーズ化して強調・連呼せず、心の中で思っているであろう不満・疑問・欲望を遠まわしに刺激し暴発させる」という手法を使ったのだ。

民主党が口癖のように言っている「政権交代」「自公政権の崩壊」「官僚政治の打破」「生活者目線」、そのいずれもが、この二つの広告宣伝のやり方を踏襲したものであることがわかる。「宣伝の天才」と謳《うた》われたゲッペルスは、広告宣伝に関してこのようなことも言っている。

「もっとも速度の遅い船に船団全体の速度を合わせる護送船団の如く、知識レベルの低い階層に合わせた宣伝を心掛ける」

現在の日本もこれと同様である。要するに、詳しく内容を説明せず、キャッチフレーズ化し、不満・疑問・欲望を遠まわしに刺激し暴発させることに乗せられて多くの人々が民主党を支持しているとすれば、それはわれわれ国民を「知識レベルの低い階層」と認識しているからに他ならない。

ゲッペルスの発言とされる言葉でもっとも有名なのは、「嘘も百回言えば真実となる」という言だろう。しかし、所詮、嘘は嘘でしかない。キャッチフレーズはあくまでキャッチフレーズでしかないのだ。そんなゲッペルスが宣伝し、国民的熱狂を作り上げたナチス・ドイツの末路は、歴史が教えてくれる。ナチス・ドイツを祭り上げたドイツ国民は、敗戦で塗炭《とたん》の苦しみを味わい、東西ドイツの分裂という悲劇を経験するのだ。

歴史は、なんでも教えてくれる。しかし、その歴史は「物語」とされてしまって、「現代の政治」と結びつけて考えられることは少ない。だが、このように並べてみると、小沢一郎から始まる民主党のプロパガンダがいかに「危ない」ものであるのかがよくわかる。

これを危険なものにしない作業は簡単なことだ。具体的な政策として、しっかりと検証をすればよい。「やめてから考える」などと言って白紙委任してしまえば、結局国民はその政策を検証する機会を永久に失ってしまうことになる。これこそ「独裁政治」への入り口である。「闇」は、毎日やってくる。だれしもが心の中に持っているし、それがさまざまな形で表れてしまう。その「闇」のささやきに、だまされてはいけない。よく子供の漫画に「天使と悪魔」が出てくるが、人間はどうしても欲望があるので、悪魔のほうに意を寄せてしまうことがある。国民の大多数がそうなれば、どうしても日本国全体が「悪魔」の選択をしてしまうのだ。

この本を契機に、国民一人ひとりが、主権者として、政治家の政策をしっかりと検証することと、そして、政治家が、検証できる政策をしっかりと具体的に打ち出さなければ支持されない環境になれば、日本は世界に誇れる国になるであろう。

そして、そのような政策で政治家が選ばれるようになれば、この本に記載したような疑獄事件は起きなくなるのではないだろうか。

そのような社会を目指してほしい。

あえて、もう一度言おう。

「だまされるな！　日本人」

2009年6月
宇田川敬介《うだがわけいすけ》

◉著者について

宇田川敬介（うだがわ けいすけ）

明治期創刊の老舗政治紙「國會新聞社」編集次長。両院記者会所属。1969（昭和44）年東京生まれ。中央大学法学部卒業後、株式会社マイカル入社。総務本部法務部に勤務し、京都厚生会のM＆A、小樽ベイシティ開発、大連出店などの大規模プロジェクト、ワーナーマイカルの合弁契約交渉などを行い、国内外に多彩な人脈を築く。この間中国での複数の訴訟ではいずれも勝訴、その経緯は各種の雑誌などで報道された。2001年株式会社マイカル退社。退社後半年でマイカルが倒産する。退職後、國會新聞社に入社し、国政に関する取材活動の傍ら、交友関係を活かして経営コンサルタント事業を行う。この間に、中国をはじめインドネシア、タイ、マレーシア、シンガポール、韓国、台湾、バングラデシュなどに人脈を広げる。インドネシア、韓国では政権高官と直接交渉してインタビューを敢行、日本人としての立場を主張する内容は、海外メディアで紹介されている。また、最下層の人々と生活を共にしながら北スマトラ地震の被災者のために孤児院設立に尽力するなど、幅広く海外との交流を続けている。

ブログ＝「KOKKAI PRESS 宇田川的ニュースのC級解説」
http://udaxyz.cocolog-nifty.com/

民主党《みんしゅとう》の闇《やみ》

理念《りねん》なき批判政党《ひはんせいとう》、
その疑惑《ぎわく》と金《かね》と政策《せいさく》の研究《けんきゅう》

◉著者
宇田川敬介《うだがわけいすけ》

◉発行日
初版第1刷　2009年7月20日

◉発行者
田中亮介

◉発行所
株式会社 成甲書房

郵便番号101-0051
東京都千代田区神田神保町1-42
振替 00160-9-85784
電話 03(3295)1687
E-MAIL　mail@seikoshobo.co.jp
URL　http://www.seikoshobo.co.jp

◉印刷・製本
株式会社 シナノ

Printed in Japan, 2009
ISBN978-4-88086-250-7

定価はカバーに表示してあります。
乱丁・落丁がございましたら、
お手数ですが小社までお送りください。
送料小社負担にてお取り替えいたします。